Alcolismo e Recupero

Una guida completa per smettere di bere e riprendersi dalla dipendenza. Apprendi come riacquistare la consapevolezza di te per cambiare le tue abitudini alcoliche

Rick Conall

AF442630

Introduzione:

Secondo l'American Medical Association, l'alcolismo è una condizione caratterizzata da una grave disabilità che è direttamente collegata all'uso cronico e inappropriato di alcol. La disabilità può includere l'impotenza fisiologica o sociale. Psicologicamente parlando, l'abuso di alcol ha meno a che fare con quanto qualcuno sta per bere, e più a che fare con ciò che realmente accade quando si beve. La verità è che l'alcol a volte viene abusato perché all'inizio offre una promessa molto allettante. La maggior parte delle persone si sente più a suo agio con un'intossicazione moderata. Eventuali problemi preesistenti sembrano svanire in secondo piano. Puoi usare l'alcol per aumentare il buon umore o per alterare il cattivo umore. L'alcol aiuta il bevitore a sentirsi inizialmente rilassato, senza alcun costo emotivo. È una sfida significativa superare la dipendenza da alcol. L'alcolismo è spesso accettato come amico dal bevitore. In effetti, nei modi più insidiosi, l'alcolismo può prendere il sopravvento sulla propria vita. Nella maggior parte dei casi, l'alcol è legale e socialmente accettabile, al contrario della dipendenza da eroina o cocaina. Ciò significa che nessuno dirà nulla se qualcuno esce per un drink, tre giorni a settimana o ogni sera. Ciò rende difficile smettere di bere alcol quanto smettere di fumare. L'alcol è ovunque, quindi è come comprare il cibo. Il fatto è che è sempre accanto a te.

A causa dei progressi della medicina moderna, è più facile che mai disintossicarsi dall'alcol se si vuole smettere di bere. Non più di una bevanda alcolica al giorno è raccomandata dal NIH Americano per le donne e due per gli uomini, il quale si considera un consumo moderato. Corri sepre il rischio di una serie di problemi medici, inclusi danni al fegato, al pancreas, al cuore e ai nervi. Anche i bevitori responsabili dovrebbero moderare il loro consumo di alcol ed è tempo di fare qualcosa al riguardo se si va costantemente oltre il massimo raccomandato. Se vuoi smettere di bere senza AA o cure, inizia con un consulto con il tuo medico; il tuo medico metterà il tuo problema con il bere in un contesto clinico che è rilevante per i tuoi problemi di salute specifici. Inoltre, ci sono diversi approcci che puoi utilizzare per aiutarti a ridurre al minimo il consumo di alcol o smettere di bere del tutto, assicurandoti di vivere una vita sana e appagante.

Quando inizierai con il recupero dalla dipendenza dall'alcolismo, potresti affrontare vari problemi, perché diventerà un bisogno del tuo corpo. La dipendenza vive nei circuiti del tuo cervello, non è una debolezza personale. Più frequentemente svolgi i tuoi percorsi di piacere, meno piacere provi nel tempo. Per poter ritornare a sentire quei drink felici, il cervello cercherà trigger sempre più forti. Dopo così tante ripetizioni, il tuo cervello si abitua agli stimoli e nel tempo sei così abituato che devi aumentare a dismisura la quantità di alcol da ingerire per funzionare come il tuo cervello comanda.

Puoi iniziare a riprenderti dall'alcolismo smettendo subito e disintossicandoti. L'esercizio fisico può anche ridurre o alleviare i disbturbi legati all'astensione dallalcol. Ci sono molti centri di riabilitazione per l'alcol in cui puoi ricevere cure. Dopo aver analizzato il tuo stato di salute tramite l'aiuto del tuo medico curante puoi pensare di superare questa dipendenza. È una decisione di cui non ti pentirai mai. A volte potresti averne a che fare con problemi fisici o psichici, ma non te ne pentirai mai.

Ci sono molti vantaggi a non essere un alcolista, se riesci ad avere uno stile di vita più sano, ti senti fresco e reattivo il giorno. Ti concentri sul tuo lavoro e hai un buon rapporto con i tuoi cari.

Capitolo 1: Quali sono i fatti sull'alcolismo?

L'alcolismo è quando l'uso di alcol non è più controllato e l'alcol è consumato compulsivamente, le ramificazioni negative e il disagio emotivo quando non si beve possono essere causati dal disturbo da consumo di alcol. Il disturbo da consumo di alcol è una condizione cronica e persistente diagnosticata sulla base di un paziente che soddisfa i requisiti specificati nella diagnosi alcolica.

Per essere diagnosticati con l'alcolismo, le persone devono soddisfare uno dei criteri elencati di seguito.

• Utilizzare alcol in quantità maggiori o con una routine quotidiana.

- Il consumo di alcol non può essere ridotto nonostante il desiderio di farlo.

- Ci vuole molto tempo per riprendersi dagli effetti dell'alcol.

- Voglie o un forte appetito di alcol.

- A causa dell'uso di alcol, non sono in grado di adempiere ai principali obblighi a casa, al lavoro o a scuola.

- Continui problemi interpersonali o sociali che possono essere causati dal consumo di alcol.

- Rinunciare ad attività personali, lavorative o ricreative che in precedenza godevano a causa dell'uso di alcol.

- Uso di alcol in condizioni di pericolo fisico (come guidare o usare macchinari).

- Continuo abuso di alcol nonostante la presenza di un problema psicologico o fisico correlato all'alcol.

- Tolleranza (cioè bere quantità sempre maggiori di alcol o più frequentemente per ottenere l'effetto desiderato).

- Sto sviluppando sintomi di astinenza quando i tentativi sono fatti per l'uso di alcol fermata.

Le donne che non bevono più di tre drink in un dato giorno e non più di sette drink a settimana sono a basso rischio di sviluppare l'AUD (l'AUD è una malattia cerebrale cronica causata dall'abuso di alcol), secondo l'Istituto nazionale per l'abuso di alcol e l'alcolismo (NIAAA). Per le persone, non più di quattro drink in un dato giorno e non più di 14 a settimana sono descritti come questa fascia a basso rischio.

1.1 Fatti sull'alcolismo

Secondo il National Survey 2017, Drug Use and Health (NSDUH), il 51% della popolazione di età pari o superiore a 12 anni ha riferito di aver bevuto in modo incontrollato durante il mese precedente. Cinque o più bevande maschili definiscono il binge drinking e quattro o più bevande femminili nell'ultimo mese in almeno un giorno; il consumo eccessivo di alcol indica cinque o più giorni di bevute incontrollate nell'ultimo mese. Tre La maggior parte delle abbuffate si verifica tra le persone di età compresa tra 18 e 34 anni ed è due volte più comune tra gli uomini rispetto alle donne. Un adulto su sei beve circa quattro volte al mese. Nell'ultimo mese, il 5,3% dei ragazzi di età compresa tra 12 e 17 anni ha riferito di aver bevuto in modo incontrollato, con lo 0,7% che ha segnalato un consumo eccessivo di alcol nell'ultimo mese. Sebbene non tutti coloro che bevono alcolici abbiano un AUD, il binge drinking può essere un importante fattore di rischio per AUD. L'NSDUH riporta che nel 2017 oltre 14 milioni di persone di età pari o superiore a 12 anni avevano un AUD, con AUD che si è verificato nel 7% dei maschi e nel 3,8% delle donne di età pari o superiore a 12 anni.4 Nel 2015, il 47,0% dei decessi per alcol malattie epatiche correlate nelle persone di età pari o superiore a 12 anni erano dovute all'uso di droghe. Sei Oltre a questi decessi per epatopatia alcol-correlata, i decessi correlati all'alcol sono attribuiti al consumo di alcol. In modo allarmante, secondo i dati del 2015 dei Centers for Disease Control and Prevention, ogni anno più di 2.200 persone muoiono per avvelenamento da alcol, con tre decessi su quattro originati da uomini e adulti bianchi non ispanici di 35,64,7 anni. Una media di 6 le persone muoiono ogni giorno per avvelenamento da alcol o per così tanto consumo che il corpo ne viene sopraffatto e le zone critiche della malattia vengono compromesse.

1.2   L'alcolismo è ereditario

Secondo il DSM-5, si ritiene che l'alcolismo abbia una grande componente ereditabile, con fattori genetici attribuibili tra il 40 e il 60 per cento della varianza del rischio. Tuttavia, non esiste un'equazione semplice per le spiegazioni sull'alcolismo. È una malattia sfaccettata e sfumata, quindi mentre qualcuno può ereditare una predisposizione a un disturbo, la biologia non decide completamente l'esito di una persona.

1.3   Cause di alcolismo

Non esiste un'unica causa di alcolismo. Inoltre, nella creazione della dipendenza da alcol, ci sono centinaia di fattori di rischio che giocano un ruolo. In ogni adulto, questi fattori di rischio interagiscono in modo diverso, portando a disturbi del consumo di alcol in alcuni e non in altri.

Lo sviluppo della dipendenza è influenzato da cause sia interne che esterne. Genetica, condizioni psicologiche, personalità, scelta personale e storia del bere includono fattori interni. I fattori esterni includono la famiglia, il clima, l'etnia, le norme sociali e culturali, il genere, la salute e lo stato lavorativo.

L'enorme diversità di fattori che potrebbero influenzare lo sviluppo della dipendenza da alcol rende praticamente impossibile prevedere esattamente se una persona svilupperà l'alcolismo. Sebbene sia una decisione personale di un individuo se iniziare a bere o meno, molte ricerche suggeriscono che quando si inizia a bere, lo sviluppo della dipendenza è al di fuori del controllo di quell'individuo. È anche vero che quando qualcuno diventa un alcolizzato o no, ci può essere nessun singolo fattore o gruppo di fattori che influenzano la probabilità di consumo di alcol di una persona. Gli individui con depressione, disturbo bipolare e ansia sociale, ad esempio, hanno molte più probabilità di sviluppare alcolismo. Più del 40% dei pazienti bipolari abusa o è alcol dipendente e circa il 20% dei pazienti ansiosi abusa o è alcol dipendente.

Molti individui psicologicamente malati si rivolgono all'alcol come un modo per affrontare la loro malattia. Alcuni affeti da schizofrenia, ad esempio, affermano che l'alcol "calma" le voci nella loro testa, mentre altri con depressione affermano che l'alcol eleva il loro umore. Questo è particolarmente comune nelle persone che non sono state trattate con farmaci o che hanno avuto effetti collaterali spiacevoli. Tuttavia, la maggior parte dei disturbi psicologici riduce la capacità di un individuo di interpretare la propria realtà del bere o trascurare minacce e segnali di allarme.

Capitolo 2: Cause ed effetti dell'alcolismo

I problemi di alcol variano in gravità da lievi a pericolosi per la vita, influenzando l'individuo, la famiglia e la società in molti modi. Nonostante ci si concentri su droghe illegali come la cocaina, l'alcol rimane il problema della droga numero uno in America. Quasi diciassette milioni di adulti negli Stati Uniti sono dipendenti dall'alcol o hanno altri problemi legati all'alcol, e circa 88.000 persone muoiono per cause prevenibili legate all'alcol.

2.1 Alcolismo

Il farmaco più comunemente usato negli adolescenti è l'alcol. Il 35% degli adolescenti ha bevuto almeno un drink a 15 anni di età. Sebbene sia illegale, nell'ultimo mese circa 8,7 milioni di persone di età compresa tra 12 e 20 anni hanno bevuto e questa fascia di età rappresentava l'11% di tutto l'alcol consumato negli Stati Uniti. L'alcol è responsabile di quasi 189.000 visite al pronto soccorso e 4.300 decessi all'anno tra gli adolescenti minorenni.

L'astinenza è molto più pericolosa per coloro che dipendono fisicamente dall'alcol rispetto all'astinenza dall'eroina o da altre sostanze. Sotto la classificazione di un disturbo da uso di droghe, l'abuso di alcol e la dipendenza da alcol sono ora raggruppati.

• Ciò che in precedenza era denominato abuso di alcol si riferisce a un uso eccessivo o problematico con uno o più dei seguenti:

• Mancato adempimento di obblighi importanti sul lavoro, a scuola o a casa

• Uso ricorrente in situazioni pericolose (come guidare un'auto o usare macchinari)

• Problemi legali

• Uso continuato di alcol nonostante problemi medici, sociali, familiari o interpersonali causati o causati dall'abuso di alcol;

Quante bevande fanno un alcolizzato?

Precedentemente indicato come dipendenza da alcol; questo aspetto del disturbo da uso di alcol si riferisce a un tipo più grave di disturbo da uso di alcol e comporta un uso eccessivo o disadattivo che ne risulta intolleranza.

2.2 Che cosa causa l'alcolismo

Non ben consolidata è la causa dell'alcolismo. Ci sono prove crescenti della predisposizione genetica e biologica di questa malattia. I parenti di primo grado con disturbo da uso di alcol hanno da quattro a sette volte più probabilità rispetto alla popolazione generale di sviluppare alcolismo. La ricerca ha coinvolto un gene (gene del recettore della dopamina D2) che può aumentare le possibilità di una persona di sviluppare alcolismo se ereditato in una forma specifica.

Una varietà di fattori contribuisce tipicamente allo sviluppo di un problema di alcol. Fattori sociali come la famiglia, gli amici e l'impatto sulla cultura e l'accessibilità all'alcol e fattori psicologici come livelli di stress elevati, meccanismi di doping insufficienti e incoraggiamento all'uso di alcol da parte di altri bevitori possono portare all'alcolismo. Spesso, quando la malattia progredisce, i fattori che contribuiscono al consumo iniziale di alcol possono differire da quelli che lo sostengono.

Anche se potrebbe non essere causale, ci sono il doppio delle persone che dipendono dall'alcol. Uno studio ha dimostrato che un terzo degli uomini di età compresa tra 18 e 24 anni soddisfaceva i criteri di dipendenza dall'alcol e coloro che iniziano a bere prima dei 15 anni hanno una probabilità quattro volte maggiore di sviluppare dipendenza da alcol. Gli uomini sono più propensi ad abbuffarsi o a bere molto. È anche più probabile che ci impegniamo in attività che danneggiano se stessi o altri come la violenza correlata all'alcol, usiamo altre sostanze come marijuana e cocaina, facciamo sesso con sei o più partner e per lo più riceviamo D e F nei voti a scuola.

2.3 Segni e sintomi di alcolismo

È spesso diagnosticato più da comportamenti ed effetti negativi sul funzionamento che da specifici sintomi medici. Fisiologici (tolleranza e sintomi di astinenza) sono solo due dei criteri diagnostici.

• Tolleranza (necessità di più alcol per ottenere l'effetto o l'effetto desiderato). Secondo fonti governative, l'alcolismo dei genitori è alla radice di molte questioni familiari come il divorzio, l'abuso coniugale, l'abuso sui minori e l'abbandono, così come la dipendenza dall'assistenza pubblica e da comportamenti criminali.

• La stragrande maggioranza degli alcolisti non viene riconosciuta da medici e operatori sanitari. Ciò è in gran parte dovuto alla tendenza della persona con disturbo da uso di alcol a nascondere la quantità e la velocità di bere, negare i problemi causati o esacerbati dal bere, c'è una progressione progressiva della malattia e degli effetti sul corpo, e il corpo ha il capacità di adattarsi fino a un certo punto a livelli alcolici più elevati.

• I membri della famiglia spesso allontanano o attenuano i problemi di alcol e contribuiscono involontariamente alla persistenza della dipendenza attraverso attività ben intenzionate come la schermatura (dipendenza da alcol) dagli effetti negativi del bere o assumersi obblighi familiari o economici. L'attività alcolica è spesso negata ai propri cari e agli esperti in assistenza sanitaria.

• Agli individui con disturbo da uso di alcol viene spesso negato un consumo eccessivo di alcol quando sono sfidati. L'alcolismo è un disturbo complesso ed è spesso influenzato sia dal temperamento di chi soffre di alcolismo che da altri fattori. Anche i segni ei sintomi di un problema con l'alcol variano da persona a persona. Ci sono alcuni sintomi e segni che suggeriscono che qualcuno possa avere un problema di alcol, inclusi affaticamento, cadute ripetute, contusioni di età diverse, blackout, depressione cronica, ansia, irritabilità, interruzione o assenza al lavoro o a scuola, perdita del lavoro, divorzio o rottura, difficoltà finanziarie, intossicazione o comportamento eccessivo, perdita di peso o frequente collaborazione con l'auto.

• I sintomi di intossicazione includono linguaggio confuso, inibizioni ridotte e giudizio, mancanza di controllo muscolare, problemi di coordinazione, confusione o problemi di memoria o concentrazione. Il consumo continuato di alcol provoca un aumento dei livelli di alcol nel sangue (BAC) e livelli elevati di BAC possono portare a problemi respiratori, coma e persino alla morte.

• Un problema con l'alcol è in realtà un segno e i sintomi spesso variano da persona a persona. Ci sono alcuni sintomi e segni che indicano che qualcuno potrebbe avere un problema di alcol, inclusi affaticamento, cadute ripetute, contusioni di età diverse, svenimenti, depressione cronica, ansia, irritabilità, agitazione o mancanza di moderazione, fallimento o assenza al lavoro o a scuola, lavoro perdita, divorzio o rottura, difficoltà finanziarie, intossicazione o comportamento eccessivi, fiducia in se stessi.

• Segni e sintomi di abuso cronico di alcol includono condizioni mediche quali pancreatite, gastrite, cirrosi (epatica), neuropatia, anemia, atrofia cerebellare, cardiomiopatia alcolica (malattia cardiaca), encefalopatia di Wernicke (funzione cerebrale anormale), demenza di Korsakoff, pontino centrale mielinolisi (degenerazione cerebrale), epilessia, depressione, affaticamento, deliri, peptidi.

• I figli di genitori dipendenti dall'alcol sono a maggior rischio di abuso di alcol, abuso di droghe, problemi comportamentali, comportamento violento, disturbi d'ansia, comportamento compulsivo e disturbi dell'umore rispetto ai bambini in famiglie senza alcolismo. Il rischio di disturbi psichiatrici e suicidio è maggiore per gli alcolisti. Ci sentiamo anche in colpa, vergogna, isolamento, ansia e depressione, soprattutto quando il loro uso di alcol porta a perdite significative (p. Es., Lavoro, relazioni, reputazione, sicurezza economica o salute fisica). Molti problemi medici sono causati dall'alcolismo e dalla scarsa aderenza dell'alcolista alle cure mediche o aggravati da esso.

2.4 Cercare assistenza medica

Le persone che bevono alcolici nella misura in cui interferiscono con la loro salute personale, fisica o mentale dovrebbero visitare un medico per discutere il problema. Il grosso problema è che la negazione gioca un ruolo importante nell'alcolismo. Di conseguenza, gli alcolisti raramente perseguono l'assistenza professionale volontaria.

Un membro della famiglia o un capo a volte convince o spinge la persona intossicata a cercare cure mediche. Anche se una persona con dipendenza rifiuta il trattamento a causa di stress medico familiare, datore di lavoro o professionale, può trarne beneficio. Il trattamento può aiutare questa persona a ottenere la motivazione per cambiare il problema dell'alcol.

L'alcol causa il 40% dei decessi nei veicoli a motore, il 70% degli annegamenti, il 50% dei suicidi e fino al 40% dei crimini violenti, tra cui omicidi, furti, aggressioni e abusi su minori e coniugi.

Immediatamente dopo che l'alcol ha causato un incidente, è importante ricevere cure di emergenza. Questo è importante perché qualcuno che è intossicato potrebbe non valutare in modo affidabile la gravità della lesione che ha subito o inflitto. Ad esempio, una persona intossicata potrebbe non notare una vertebra del collo fratturata (collo rotto) fino a quando non è troppo tardi e c'è stata paralisi.

Nel pronto soccorso di un ospedale, diverse condizioni alcol-correlate richiedono una valutazione immediata.

• La rimozione dell'alcol richiede cure immediate. Una persona di solito passa attraverso quattro fasi quando si ritira dall'alcol: tremori (tremori), convulsioni, allucinazioni e tremori delirio (DT). Tali fasi sono elencate in maggior dettaglio; l'individuo mostrerà un tremore (tremore) delle mani e delle gambe durante la fase tremula. Se la persona allunga la mano e cerca di tenerla ferma, puoi vederlo. Anche l'ansia e l'ansia seguono questo sintomo.

• Le crisi possono seguire la fase tremula. Si tratta di solito di crisi epilettiche gravi in cui l'intero corpo trema in modo incontrollabile, la persona perde conoscenza e può perdere il controllo della vescica o dell'intestino. Se vedi qualcuno che ha un attacco, chiama prima i servizi di emergenza. Quindi prova a mettere la persona su un lato in modo che non inali nei polmoni vomito o secrezioni. Proteggere la testa o altre parti del corpo della persona da urti incontrollabili sul pavimento o da altri oggetti potenzialmente dannosi, se possibile. Non mettere nulla in bocca al paziente durante le convulsioni.

• La maggior parte delle persone che soffrono di fasi finali di grave astinenza da alcol soffre di allucinazioni. Il tipo più comune di allucinazioni riscontrate durante il ritiro di alcol sono le allucinazioni visive. Le persone "orecchiano" insetti o vermi che strisciano sulla loro pelle sui muri. Questo è spesso associato ad allucinazioni tattili (sensazione) in cui gli alcolisti sentono gli insetti che strisciano sulla loro pelle. La formalizzazione è chiamata questo fenomeno. Sebbene meno comuni delle altre forme di allucinazioni, durante l'astinenza possono verificarsi anche allucinazioni uditive (uditive).

• Il delirium tremens (DT) è il livello più grave di astinenza da alcol ed è un'emergenza medica. Circa il 5% delle persone che si ritirano dal DT sperimenta alcol. Il disturbo di solito si manifesta entro 72 ore dall'interruzione del consumo di alcol, ma può verificarsi fino a 7-10 giorni dopo. Il segno distintivo di questa fase è un profondo delirio (confusione). Le persone sono sveglie ma in gran parte confuse. Questo è seguito da ansia, paranoia, vomito, allucinazioni, battito cardiaco accelerato e ipertensione (convinzioni che non hanno alcun fondamento nella realtà). Questa condizione è associata a un tasso di mortalità del 5%, anche con cure mediche adeguate.

• Un altro disturbo correlato all'alcol per il quale si dovrebbe richiedere assistenza medica di emergenza è la chetoacidosi alcolica (AKA). L'AKA spesso inizia entro due o quattro giorni da quando un alcolista ha smesso di bere alcol, liquidi e cibo, spesso a causa di gastrite o pancreatite. Non di rado, si osservano contemporaneamente sindromi di AKA e astinenza da alcol. Nausea, nausea, dolore addominale, affaticamento e un odore simile all'acetone nel respiro della persona descrivono l'AKA. Ciò accade quando le riserve di carburante di carboidrati e l'acqua hanno esaurito la persona dipendente dall'alcol. Il corpo inizia a metabolizzare ("bruciare") grassi e proteine per produrre energia in corpi chetonici. I corpi chetonici sono veleni che si accumulano nel sangue, aumentano la loro acidità e fanno sentire la persona ancora più malata, perpetuando un circolo vizioso.

• La depressione del consumo di alcol è spesso correlata ad altri disturbi psichiatrici come ansia, depressione, disturbo bipolare e psicosi. Associati anche a un ridotto livello di giudizio sano quando intossicati, questi disturbi psicologici portano a suicidi e tentativi di suicidio da parte di individui dipendenti dall'alcol. Una persona che ha tentato di suicidarsi o che si ritiene abbia un rischio significativo o imminente di suicidio deve essere portata immediatamente al pronto soccorso di un ospedale.

2.5 Rischi di consumo eccessivo di alcol

In che modo i professionisti sanitari diagnosticano l'alcolismo?

La diagnosi di disturbo da uso di droghe viene solitamente effettuata esaminando le azioni della persona a meno che questa non mostri sintomi di astinenza o danni agli organi che sono chiaramente il risultato dell'uso di droghe.

Il disturbo da uso di alcol è definito come il consumo di alcol al punto in cui, da un punto di vista lavorativo, sociale o sanitario, interferisce con la vita dell'individuo. Ne consegue che persone diverse possono interpretare i comportamenti mostrati da una persona con questa condizione in modi diversi. Questo spesso rende un po' 'difficile diagnosticare l'alcolismo.

• Al fine di identificare le persone a rischio di alcolismo, vengono utilizzati di routine diversi test di screening. Di solito, tali test consistono in uno o più questionari. Il Michigan Alcohol Screening Test (MAST), il questionario CAGE e il questionario TACE sono test ampiamente utilizzati.

• Il Michigan Alcohol Diagnostic test (MAST) è un quiz di 22 domande che viene spesso utilizzato nella guida clinica.

- Ad esempio, il questionario CAGE pone quattro domande. "Sì", le risposte a due o più di queste domande suggeriscono un alto rischio di alcolismo.

- Hai pensato che avresti dovuto ridurre il tuo drink?

- Sei stato infastidito dalle persone che criticano il tuo drink?

- Ti sei sentito male per aver bevuto o in colpa?

- Hai mai dovuto bere per la prima volta la mattina?

- È identico al questionario TACE. Le pone anche quattro domande. Più "sì" una persona deve rispondere a queste domande, maggiore è la sua probabilità di bere eccessivamente.

- Stai prendendo più di due drink per alzarti?

- Sei stato infastidito dalle persone che criticano il tuo drink?

- Hai mai pensato che il tuo drink dovrebbe essere ridotto?

- Hai mai bevuto qualcosa per calmare i nervi al mattino (apri gli occhi)?

Un medico può prelevare il sangue per valutare la funzionalità del fegato, testare l'anemia e / o lo squilibrio elettrolitico (livelli di chimica del sangue). A volte, gli alcolisti hanno test di funzionalità epatica elevati che mostrano danni al fegato. Il test di funzionalità epatica più sensibile è la gamma- glutamil transferasi (GGT). Dopo alcune settimane di consumo eccessivo di alcol, può essere elevato. Alcol-dipendenti individui possono anche avere anemia (basso numero di globuli), come pure anomalie in elettroliti, bassi livelli di potassio, magnesio e di calcio.

L'appuntamento clinico iniziale causa anche complicazioni cliniche o chirurgiche del consumo di alcol. In base ai sintomi (p. Es., Mal di stomaco, insufficienza cardiaca, cessazione del consumo di alcol o cirrosi), il medico effettuerà e prescriverà ulteriori test in questi casi.

2.6 Rimedi per l'alcolismo?

Gli specialisti formati in medicina delle dipendenze trattano al meglio l'alcolismo. Medici e altri operatori sanitari con tale formazione ed esperienza specialistica sono i più adatti per la gestione dell'astinenza da alcol e dei disturbi medici e mentali correlati all'alcol.

A causa delle complicazioni della sindrome da astinenza da alcol, la terapia domiciliare senza la supervisione di un professionista qualificato può essere pericolosa per la vita. Normalmente, dopo aver ridotto o interrotto il consumo di alcol, un alcolista può iniziare a soffrire di astinenza da alcol da sei a otto ore.

Sono disponibili diversi livelli di trattamento con alcol. I programmi di disintossicazione e riabilitazione ospedalieri controllati dal punto di vista medico vengono utilizzati con problemi medici e psichiatrici per i casi più gravi di dipendenza. I servizi regolati dal punto di vista medico per la disintossicazione e il recupero sono utilizzati per le persone che dipendono dall'alcol e non necessitano di cure mediche più strettamente controllate. Lo scopo della disintossicazione è quello di garantire il ritiro dall'alcol della persona tossicodipendente e di aiutarla in un programma di trattamento di recupero (riabilitazione). Un programma di riabilitazione mira ad aiutare il cliente a comprendere lo stato di dipendenza, a continuare a sviluppare abilità di vita sobrie e ad impegnarsi in programmi continui di cura e auto-aiuto. La maggior parte dei programmi di disintossicazione dura solo pochi giorni. La maggior parte dei programmi di riabilitazione gestiti o monitorati dal punto di vista medico dura meno di due settimane. Programmi di riabilitazione a lungo termine, programmi di trattamento diurno o programmi ambulatoriali supportano la maggior parte degli alcolisti. Tali servizi forniscono consulenza, riabilitazione, affrontando problemi che portano o derivano dalla dipendenza e capacità di apprendimento nel tempo per curare l'alcolismo.

Queste sono le abilità che includono ma non sono limitate a:

• Identificazione e controllo di ciò che porta a fattori scatenanti del desiderio di alcol.

• Sto resistendo alla pressione sociale per impegnarmi nell'uso di sostanze.

• Sto cambiando le abitudini e lo stile di vita dell'assistenza sanitaria (ad esempio, migliorando la dieta e l'igiene del sonno ed evitando persone, luoghi ed eventi ad alto rischio).

• Imparare a sfidare il pensiero alcolista (ad esempio, pensare in questo modo).

2.7 Trattamento per l'alcolismo

Spesso è necessario un gruppo di medici per curare un alcolizzato. Il medico di solito svolge un ruolo chiave nel recupero clinico e nella promozione dell'ammissione alle cure, ma altri sono regolarmente richiesti oltre alla gestione iniziale (p. Es., Consulenti per le dipendenze, assistenti sociali, medici specialisti comportamentali, psicologi familiari e consulenti pastorali).

La riabilitazione dall'alcol può essere suddivisa in tre fasi. Inizialmente, la persona deve essere stabilizzata dal punto di vista medico. Successivamente, deve essere eseguito un ciclo di disintossicazione, seguito da astinenza e recupero a lungo termine.

• Stabilizzazione: l'alcolismo è associato a molti problemi medici e chirurgici, ma qui vengono discussi solo la stabilizzazione dell'astinenza da alcol e la chetoacidosi alcolica.

• La sospensione dell'alcol viene trattata con idratazione orale o endovenosa (IV) insieme a farmaci che invertono i sintomi della sospensione dell'alcol. La classe dei sedativi chiamata anche benzodiazepine come lorazepam (Ativan), diazepam (Valium) e clordiazepossido, è la causa più comune di farmaci usati per trattare i sintomi dell'astinenza da alcol. Questi possono essere somministrati per iniezione, per via orale o per via endovenosa. Inoltre, il diazepam si presenta come un'ipotesi rettale. Il clordiazepossido di solito impiega più tempo del diazepam o del lorazepam per avere effetto ed è, quindi, meno ampiamente utilizzato in caso di emergenza di astinenza. Il pentobarbital è un altro medicinale che a volte viene usato per trattare l'astinenza dall'alcol. Ha un effetto simile alle benzodiazepine ma è più probabile che rallenti la respirazione, rendendolo meno attraente per questa applicazione. Di tanto in tanto, la persona agitata e frustrata potrebbe dover essere trattenuta fisicamente fino a quando non diventa calma e coerente.

• I liquidi EV e i carboidrati vengono trattati per la chetoacidosi alcolica. Questo di solito viene fatto nel tipo di liquido somministrato per via endovenosa contenente zucchero fino a quando il paziente non può iniziare a bere e mangiare liquidi.

• Le persone con alcolismo dovrebbero ricevere tiamina aggiuntiva (vitamina B1), per iniezione, iniezione o bocca. I livelli di tiamina sono spesso bassi nelle persone dipendenti dall'alcol e la carenza di questa importante vitamina potrebbe portare all'encefalopatia di Wernicke, un disturbo inizialmente caratterizzato da occhi che guardano in direzioni diverse. Quando la tiamina viene somministrata in modo tempestivo, può invertire completamente questa malattia potenzialmente devastante. La tiamina viene solitamente somministrata come iniezione in condizioni di emergenza. Anche il magnesio e il folato (una vitamina) vengono spesso somministrati alle persone con alcolismo.

• Disintossicazione: evitare il consumo di alcol a questo punto. Per una persona dipendente dall'alcol, questo è molto difficile, richiede una disciplina estrema e di solito richiede un ampio supporto. Spesso si svolge in un ambiente ospedaliero dove non c'è alcol disponibile. Nel trattamento dell'astinenza da alcol, il paziente viene trattato con gli stessi farmaci, vale a dire le benzodiazepine. Durante la disintossicazione, il farmaco viene accuratamente misurato per prevenire i sintomi di astinenza fisica e poi gradualmente diminuito fino a quando non ci sono sintomi di astinenza fisica. Ci vogliono da pochi giorni a una settimana. Poiché la disintossicazione ambulatoriale assistita dal medico è diventata popolare, la copertura per la disintossicazione in ospedale può diventare più difficile.

• Riabilitazione: i programmi residenziali a breve e lungo termine mirano ad aiutare le persone che fanno più affidamento sull'alcol a sviluppare abilità nel non bere, costruire un sistema di supporto per il recupero e lavorare sui modi per impedire loro di bere (ricaduta).

• Meno di quattro settimane di programmi a breve termine. I servizi più lunghi durano da un mese a un anno o più e sono spesso chiamati strutture sobrie. Si tratta di servizi formali che forniscono consulenza, istruzione, sviluppo delle competenze e aiutano a sviluppare un piano a lungo termine per prevenire il ripetersi.

• La terapia con ambulanza (individualmente, in gruppo e / o con le famiglie) può essere utilizzata come strumento di trattamento primario o come "passo indietro" per gli individui che escono da un programma diurno residenziale o formale.

• La consulenza in ambulanza può fornire educazione all'alcol e al recupero, aiutare le persone ad apprendere le abilità e l'immagine di sé per non bere e identificare i primi segni di potenziale recidiva.

• Nelle cliniche di trattamento ambulatoriale, ci sono diversi trattamenti individuali molto efficaci forniti da consulenti professionisti. Questi trattamenti sono la terapia di facilitazione in dodici fasi, la terapia di miglioramento motivazionale e le capacità di coping cognitivo-comportamentali.

Alcolisti Anonimi (AA) è un noto programma di auto-aiuto. Altri programmi di auto-aiuto (come Women for Sobriety, Rational Recovery e SMART Recovery) consentono agli alcolisti di smettere di bere e di rimanere autosufficienti.

Farmaci

Quali farmaci possono essere utilizzati nel trattamento dell'alcol? Sono disponibili molti farmaci per aiutare il paziente ad astenersi dal consumo di alcol.

Forse il disulfiram è il più antico e uno dei medicinali più utilizzati. Interferisce con il metabolismo dell'alcol, determinando un metabolita, che rende la persona molto a disagio e nausea quando si consuma alcol. Il problema più grande con il disulfiram è che per bere alcolici, le persone spesso interrompono l'assunzione del farmaco. Disulfiram è disponibile come dispositivo impiantabile impiantato sotto la pelle per superare questo problema. Sono stati segnalati decessi quando le persone che assumevano disulfiram hanno ingerito grandi quantità di alcol. Il disulfiram è stato associato a vari tipi di condizioni neurologiche, inclusa la neurite ottica (infiammazione del nervo ottico), che può provocare disturbi della vista e dolore oculare.

Alcuni farmaci usati per evitare la ricaduta di alcol includono naltrexone, acamprosato (Campral) e una classe di antidepressivi chiamati inibitori selettivi della ricaptazione della serotonina (SSRI). Diversi ricercatori suggeriscono che i farmaci più efficaci testati sembrano essere il naltrexone e l'acamprosato e che gli SSRI non sono altrettanto efficaci. Il disulfiram sembra avere un effetto positivo sul mantenimento di uno stile di vita senza alcol, ma sembra che l'entità di questo effetto sia piuttosto limitata. Il naltrexone viene quindi utilizzato gradualmente. Gli studi suggeriscono che gli alcolisti che consumano meno alcol durante il trattamento con naltrexone hanno ricadute meno gravi rispetto ai non alcolisti. L'acamprosato viene talvolta utilizzato per controllare la dipendenza causata dallo squilibrio chimico nel cervello. È stato efficace nell'aiutare le persone ad astenersi dall'alcol rispetto al placebo (pillole di zucchero). Entrambi i farmaci sono generalmente raccomandati per essere usati in combinazione con il trattamento per la dipendenza.

È il follow-up Necessario dopo trattamento dell'alcolismo

La persona con disturbo da uso di alcol deve prima decidere di smettere di usare l'alcol. Senza una tale determinazione, è improbabile che raggiunga la sobrietà a lungo termine. Per prevenire una ricaduta impulsiva, la casa del paziente dovrebbe essere priva di alcol.

La persona dovrebbe essere coinvolta in un gruppo o in un programma di terapia per il supporto sociale. È anche importante evitare situazioni sociali che promuovono il consumo di alcol.

Può essere utile utilizzare la terapia cognitivo-comportamentale, la terapia dell'avversione, la terapia familiare e la psicoterapia di gruppo.

Quando vengono prescritti farmaci per aiutare a mantenere la sobrietà, il paziente deve seguire un programma rigoroso per assumere il farmaco. È essenziale incontrare un consulente. Quando l'impulso alla ricaduta è intenso, il paziente deve contattare immediatamente un membro del suo gruppo di supporto e affrontare l'impulso di resistere.

È possibile prevenire l'alcolismo?

L'astinenza è il modo migliore per prevenire l'alcolismo. Prima di diventare dipendente dalla droga, devi prima avere accesso all'alcol. Una forte storia familiare di alcol è un avvertimento che sei a maggior rischio di diventare dipendente dall'alcol. Una maggiore consapevolezza di un tale fattore di rischio può aiutare a cambiare il tuo atteggiamento di consumo di alcol. Un buon sistema di servizi sociali e un intervento medico o psichiatrico precoce possono anche aiutare a prevenire il peggioramento del consumo di alcol, così tipico della dipendenza.

Qual è la prognosi dell'alcolismo?

Rimanere liberi dall'alcol è un compito molto difficile per la maggior parte delle persone con disturbi da uso di droghe. Dopo la disintossicazione, le persone che non cercano aiuto tendono ad avere un alto tasso di ricadute.

Tassi più alti di frustrazione e rabbia Storia più ampia di voglie e altri sintomi di astinenza Consumo più regolare di alcol prima del trattamento Se un paziente continua a bere eccessivamente dopo molte o procedure in corso, la sua prognosi è molto bassa. Gli effetti dell'alcol sono spesso accompagnati da forti bevitori cronici.

In confronto al diabete o all'insufficienza cardiaca congestizia, il disturbo da uso di droghe è una malattia cronica. Quando l'alcolismo è trattato come una malattia cronica, una percentuale di successo del 50% è vicina a quella di altre malattie croniche.

Capitolo 3: Alcol e il suo impatto

Un cosmopolita dal colore brillante è la bevanda preferita dai personaggi glamour di Sex and the City. James Bond dipende dal suo famoso martini per rilassarsi dopo aver confuso un cattivo scosso, non agitato. E quale matrimonio finisce senza un brindisi di champagne?

L'alcol fa parte della nostra società, rilassante e socializzante, e le nostre cerimonie religiose sono rafforzate. Ma bere troppo in un'occasione o nel tempo può avere gravi conseguenze per la salute. Molti americani concordano sul fatto che troppo alcol può causare incidenti e dipendenza. Questa è solo una parte della storia, però. L'abuso di alcol può distruggere gli organi, indebolire il sistema immunitario e portare a tumori oltre a questi gravi problemi. Inoltre, l'alcol colpisce persone diverse in modo diverso, proprio come il fumo. Che tu sviluppi una malattia correlata all'alcol, i geni, l'ambiente e persino la dieta possono avere un ruolo. D'altro canto, alcune persone potrebbero effettivamente trarre profitto da una piccola quantità di alcolici. Suono complicato? Può essere certo. Hai bisogno di informazioni affidabili e aggiornate per rimanere in buona salute e per determinare quale ruolo l'alcol può svolgere nella tua vita. Questo opuscolo intendeva fornire consigli basati sulle ultime scoperte sugli effetti dell'alcol sulla salute.

Conosci gli importi

 Capire quanto alcol è una bevanda "normale" può aiutarti a decidere quanto bere e capire i rischi. Una bevanda tipica contiene circa 0,6 once di liquido o 14 grammi di alcol puro. Più familiarmente, le seguenti quantità rappresentano una bevanda standard:

- 12 once fluide di birra (circa il 5% di alcol)

- da 8 a 9 once di liquore al malto (circa il 7% di alcol)

- Cinque once fluide di vino da tavola (circa il 12% di alcol)

- 1,5 once fluide di superalcolici (circa il 40% di alcol)

La ricerca mostra che i tassi di consumo degli uomini non sono più di quattro drink a "basso rischio". Per le donne, i tassi di consumo di "basso rischio" in un dato giorno non sono più di tre drink E non più di sette drink a settimana. Per rimanere a basso rischio, tutti i limiti giornalieri e settimanali devono essere mantenuti.

Anche all'interno di queste linee guida, se bevi troppo, hai problemi di salute o hai più di 65 anni, potresti avere problemi. Non devono essere disponibili più di tre bevande per gli anziani in un giorno qualsiasi e non più di sette bevande a settimana.

Potrebbe essere necessario bere poco o per niente in base alla propria salute e al modo in cui l'alcol influisce su di te. Coloro che dovrebbero astenersi dall'alcol includono quelli che:

- Considerare la guida di un veicolo o l'uso di macchinari

- Sei incinta o stai tentando di rimanere incinta

- Assumi farmaci che interferiscono con l'alcol

- Avere una condizione medica che può aggravare l'alcol

3.1 Effetti sul cervello

Stai parlando con gli amici a una festa e arriva una cameriera con bicchieri di champagne. Ne bevi uno, poi un altro, forse anche un altro paio. Ridi più forte del solito prima di rendertene conto e ondeggi mentre cammini. Sei troppo lento per toglierti di mezzo un cameriere con un vassoio da dessert entro la fine della serata e hai difficoltà a parlare chiaramente. Quando ti svegli la mattina dopo, hai le vertigini e ti fa male il cervello. Puoi trovare difficile ricordare tutto quello che hai fatto la sera prima.

Tali risposte dimostrano come l'alcol influisce sul cervello in modo rapido e drammatico. Il cervello è un complesso labirinto di connessioni che mantengono i nostri processi fisici e psicologici senza intoppi. L'interruzione di una qualsiasi di queste connessioni può influire sul funzionamento del cervello. L'alcol può anche avere effetti di lunga durata sul cervello, modificando il suo aspetto e il suo funzionamento, causando una serie di problemi.

La maggior parte delle persone non si rende conto di quanto l'alcol possa influire sul cervello. Tuttavia, conoscere queste potenziali conseguenze ti aiuterà a fare scelte migliori sulla quantità di alcol giusta per te.

Cosa succede nel cervello?

L'architettura del cervello è complessa. Comprende diversi sistemi che interagiscono per supportare tutte le funzioni del tuo corpo, dal pensiero alla respirazione al movimento.

Con circa un trilione di piccole cellule nervose chiamate neuroni, queste molteplici strutture cerebrali interagiscono tra loro. Nel cervello, i neuroni convertono le informazioni in segnali elettrici e chimici che il cervello può comprendere. Inoltre inviano messaggi al resto del corpo dal cervello.

I neurotrasmettitori sono sostanze chimiche che trasportano segnali tra i neuroni. Può essere molto efficace per i neurotrasmettitori. Tali sostanze chimiche possono migliorare o diminuire le reazioni, le emozioni e l'umore del tuo corpo a seconda del tipo e della quantità di neurotrasmettitori. Il cervello funziona solo per bilanciare i neurotrasmettitori che accelerano le cose con quelli che rallentano le cose per mantenere il tuo corpo al posto giusto. L'alcol può rallentare il ritmo della segnalazione dei neurotrasmettitori nel cervello.

Alla scoperta dei cambiamenti cerebrali

Ancora non capiamo come funziona normalmente il cervello e come viene influenzato dall'alcol. Gli scienziati stanno costantemente scoprendo come l'alcol influisce sui meccanismi di interazione cerebrale e altera la struttura del cervello e le conseguenze comportamentali e funzionali associate.

• Imaging cerebrale, tra cui risonanza magnetica strutturale (MRI), risonanza magnetica funzionale (fMRI). Per produrre immagini cerebrali, vengono utilizzati DTI e tomografia a emissione di positroni (PET). La risonanza magnetica e la DTI creano immagini della struttura del cervello o dell'aspetto del cervello. L'FMRI indaga sul ruolo del cervello o su ciò che fa il cervello. È in grado di rilevare i cambiamenti nella funzione del cervello. Le scansioni PET studiano i cambiamenti nel ruolo del neurotrasmettitore. Tutti questi metodi di imaging sono utili per monitorare i cambiamenti cerebrali alcolici. Ad esempio, per testare potenziali ricadute, dimostreranno come un cervello alcolista cambia immediatamente dopo aver smesso di bere e di nuovo dopo un lungo periodo di sobrietà.

• I ricercatori per valutare come i cambiamenti cerebrali legati all'alcol influenzano il funzionamento mentale usano anche test psicologici. Questi test mostrano come l'alcol influisce sulle emozioni e sulla personalità e come le capacità di apprendimento e di memoria siano compromesse.

• Gli studi clinici che testano l'effetto dell'alcol sul cervello degli animali aiutano i ricercatori a capire meglio come l'alcol influisce sul cervello umano e come l'astinenza può invertire questo danno.

Definizione dei cambiamenti cerebrali

I ricercatori hanno identificato le regioni del cervello più vulnerabili agli effetti dell'alcol utilizzando l'imaging cerebrale e i test psicologici. Questi includono la coordinazione motoria del cervelletto è regolata da questa regione. Il danno al cervelletto provoca perdita di equilibrio e inciampo, e anche le funzioni cognitive come la memoria e la risposta emotiva possono essere influenzate.

• Sistema limbico Questa complessa rete cerebrale controlla una serie di funzioni emotive. Il danno influisce su ciascuna di queste funzioni in questa regione.

• La corteccia cerebrale di questa regione del cervello danneggerà la nostra capacità di pensare, pianificare, comportarci in modo intelligente e interagire socialmente. Questa regione lega anche il cervello al resto del sistema nervoso. I cambiamenti e le interruzioni di questo ambiente stanno compromettendo la capacità di risolvere, ricordare e comprendere i problemi.

L'alcol si restringe e disturba il tessuto cerebrale

Il delicato equilibrio dei neurotrasmettitori può essere sconvolto dall'assunzione di alcolici, anche in un'occasione. L'alcol può far sì che le informazioni vengano trasmesse troppo lentamente dai tuoi neurotrasmettitori, quindi ti senti estremamente sonnolento. L'equilibrio dei neurotrasmettitori I disturbi legati all'alcol possono anche innescare cambiamenti dell'umore e comportamentali, tra cui depressione, agitazione, perdita di memoria e persino convulsioni.

Il bere pesante a lungo termine provoca cambiamenti neuronali, come la riduzione delle dimensioni delle cellule. A causa di questi e altri cambiamenti, la massa cerebrale sta diminuendo e la cavità interna del cervello sta diventando più grande. Questi cambiamenti possono influenzare una vasta gamma di abilità, tra cui la coordinazione motoria, il controllo della temperatura, il riposo, l'umore e diverse funzioni cognitive, come la memoria e l'apprendimento. Un neurotrasmettitore particolarmente suscettibile anche a piccole quantità di alcol è chiamato glutammato. Il glutammato influisce sulla memoria, tra le altre cose. I ricercatori ritengono che l'alcol interferisca con l'attività del glutammato, e questo potrebbe far sì che alcune persone "svenissero" temporaneamente o dimenticassero gran parte di ciò che è accaduto durante una notte di bevute pesanti.

L'alcol provoca anche un aumento del rilascio di serotonina, un altro neurotrasmettitore che aiuta a regolare l'espressione emotiva, e le endorfine, che sono sostanze naturali che possono innescare il rilassamento e l'euforia quando inizia l'intossicazione. Gli scienziati ora si rendono conto che questi disturbi vengono compensati dal cervello. Nonostante la presenza di alcol, i neurotrasmettitori si adattano per creare equilibrio nel cervello. Ma fare questi aggiustamenti può avere risultati negativi, incluso lo sviluppo della tolleranza all'alcol, lo sviluppo della dipendenza dall'alcol e l'insorgenza di sintomi di astinenza dall'alcol.

Quali fattori Fare una differenza

Diverse reazioni all'alcol sono diverse. Questo perché esiste una serie di fattori che possono influenzare la reazione del tuo cervello all'alcol.

• Più bevi, più fragile diventa il tuo cervello e quanto spesso bevi.

• Background genetico e storia familiare di alcol Alcune popolazioni etniche possono avere reazioni alcoliche più forti e i bevitori problematici hanno maggiori probabilità di sviluppare il patrimonio genetico dell'alcol e la storia familiare Alcune popolazioni etniche possono avere maggiori probabilità di rispondere all'alcol e i figli di alcolisti sono più probabili sviluppare alcolisti.

• Salute fisica, gli effetti dell'alcol possono richiedere più tempo per svanire se si hanno problemi al fegato o alla dieta.

I problemi cerebrali sono reversibili

Una mancanza di alcol per un periodo compreso tra diversi mesi e un anno può consentire una correzione parziale dei cambiamenti strutturali del cervello. L'astinenza può anche aiutare a invertire gli effetti negativi sulla capacità di pensare, compresa la risoluzione dei problemi, la memoria e l'attenzione.

Altre condizioni cerebrali correlate all'alcol

Danni al fegato che colpiscono il cervello La malattia epatica alcolica non solo influisce sulla funzione del fegato stesso, ma danneggia anche il cervello. Il fegato scompone l'alcol e le tossine che rilascia. I sottoprodotti dell'alcol danneggiano le cellule del fegato durante questo processo. Queste cose danneggiate le cellule del fegato non funzionano più come dovrebbero e consentono a troppe di queste sostanze tossiche, in particolare l'ammoniaca e il manganese, di viaggiare nel cervello. Tali farmaci causano danni alle cellule cerebrali, portando a una grave malattia cerebrale catastrofica chiamata encefalopatia epatica.

Ci sono una serie di problemi con l'encefalopatia epatica, che vanno da quelli meno gravi a quelli fatali. Questi problemi potrebbero includere:

• Disturbi del sonno

• Cambiamenti di umore e personalità

• Ansia

• Depressione

- Durata dell'attenzione ridotta

- Problemi di coordinamento

- Coma

- Morte

I medici possono aiutare a trattare l'encefalopatia epatica con composti che riducono la concentrazione di ammoniaca nel sangue. I pazienti con encefalopatia epatica, in alcuni casi, necessitano di un trapianto di fegato, che di solito aiuta a potenziare la funzione cerebrale.

Disturbi dello spettro alcolico fetale: in qualsiasi fase dello sviluppo, l'alcol può influenzare il cervello anche prima della nascita. I disturbi dello spettro alcolico fetale sono l'intera gamma di problemi fisiologici, cognitivi e comportamentali e altri difetti congeniti derivanti dall'esposizione all'alcol prenatale. La sindrome fetale alcolica (FAS), il più grave di questi disturbi, è caratterizzata da caratteristiche facciali anormali ed è solitamente associata a una grave riduzione della funzione cerebrale e della crescita complessiva. FAS è il principale difetto alla nascita prevenibile negli Stati Uniti oggi associato a menomazioni mentali e comportamentali. Il cervello dei bambini con FAS è più piccolo del normale e ha meno cellule, compresi i neuroni. Queste carenze portano all'apprendimento permanente e a problemi comportamentali. La ricerca attuale sta esplorando se la funzione cerebrale di bambini e adulti con FAS possa essere migliorata attraverso un'educazione terapeutica completa, integratori alimentari o farmaci

3.2 Effetti sul cuore

Gli americani sanno quanto sia diffusa la malattia cardiaca circa 1 su 12 degli americani ne soffre. I collegamenti tra malattie cardiache e alcol non sono sempre evidenti. Da decenni, da un lato, gli scienziati sanno che il consumo eccessivo di alcol può danneggiare il cuore. Bere così tanto per molto tempo o bere troppo in una sola occasione può mettere a repentaglio il tuo cuore e la tua vita. D'altra parte, gli scienziati ora sanno che bere piccole quantità di alcol può proteggere il cuore di alcune persone dai rischi di malattia coronarica.

Decidi quanto alcol è giusto, se ce n'è uno, perché può essere difficile per te. Devi conoscere i fatti principali e quindi consultare il tuo medico per prendere la decisione migliore per te stesso.

Conosci la funzione:

Il tuo cuore, i vasi sanguigni e il sangue costituiscono il sistema cardiovascolare. Questo sistema funziona costantemente ogni secondo della tua vita per fornire alle tue cellule ossigeno e sostanze nutritive e per trasportare anidride carbonica e altro materiale non necessario.

Questo ciclo è guidato dal tuo cervello. È un muscolo che continua a contrarsi e rilassarsi, spingendo il sangue lungo il percorso richiesto. Il cuore pompa 100.000 volte al giorno, pompando in tutto il corpo l'equivalente di 2.000 galloni di sangue.

I due lati del cuore, o camere, raccolgono il sangue e lo pompano nuovamente nel corpo. Il ventricolo destro del cuore pompa il sangue nei polmoni per scambiare ossigeno dalle cellule con anidride carbonica. Il cuore si calma per consentire alla camera sinistra di tornare al sangue. Quindi pompa nei tessuti e negli organi il sangue ricco di ossigeno. Il sangue che passa attraverso i reni aiuta il corpo a liberarsi dei prodotti di scarto. I segnali elettrici mantengono il cuore che batte continuamente e promuove questa routine alla velocità appropriata

Conosci i rischi

Cardiomiopatia alcolica: il consumo eccessivo di alcol a lungo termine indebolisce il muscolo cardiaco, causando un disturbo cardio miopatico alcolico. Un cuore stanco affonda e si espande e non è in grado di contrarsi in modo efficiente. Di conseguenza, non può pompare abbastanza sangue per alimentare correttamente gli organi. La mancanza di flusso sanguigno provoca in alcuni casi gravi danni agli organi e ai tessuti. I segni di cardiomiopatia includono mancanza di respiro e altri problemi con la respirazione, esaurimento, piedi e gambe gonfi e battito cardiaco irregolare. Può persino provocare danni al cervello.

Aritmie: sia il bere eccessivo che il bere a lungo termine possono influenzare la velocità con cui batte il cuore. Per mantenerlo alla giusta velocità e in modo continuo, il cuore si affida a un sistema di pacemaker interno. L'alcol interrompe questo sistema pacemaker, facendo battere il cuore troppo velocemente o in modo irregolare. Tali irregolarità nella frequenza cardiaca sono chiamate aritmie. Due tipi di aritmie indotte dall'alcol sono: Le camere di fibrillazione atriale tremano debolmente ma non si contraggono in questa forma di aritmia, il cuore superiore o atriale. Il sangue può accumularsi e persino coagularsi in queste camere superiori. Se un coagulo di sangue passa dal cuore al cervello, può verificarsi un ictus; se si estende ad altri organi come i polmoni, il vaso sanguigno può essere embolizzato o bloccato.

Questo tipo di aritmia si verifica nella tachicardia ventricolare inferiore o nelle camere ventricolari del nucleo. I segnali elettrici viaggiano attraverso i muscoli del cuore, innescando contrazioni che mantengono il sangue che scorre al posto giusto. Il danno indotto dall'alcol alle cellule del muscolo cardiaco può far sì che gli impulsi elettrici viaggino troppe volte attraverso il ventricolo, innescando troppe contrazioni. Il cuore batte così forte, quindi, tra ogni battito, non si riempie di sangue a sufficienza. Pertanto, non viene fornito abbastanza sangue al resto del corpo.

La tachicardia ventricolare è responsabile di vertigini, vertigini, perdita di coscienza, arresto cardiaco e persino morte improvvisa. Bere in eccesso in una particolare occasione può causare una di queste anomalie, in particolare quando di solito non si beve. In questi casi, il problema è chiamato "sindrome del cuore invernale", poiché le persone che di solito non bevono alle feste possono consumare troppo alcol durante le festività natalizie. L'eccessivo consumo di alcol, a lungo andare, modifica il corso degli impulsi elettrici che regolano il battito cardiaco, provocando aritmie.

Ictus: quando il sangue non riesce a raggiungere il cervello, si verifica un ictus. Per circa l'80% degli ictus, un coagulo di sangue impedisce il flusso di sangue al cervello. Questi sono noti come ictus ischemici. Il sangue si accumula anche nel cervello o negli spazi circostanti. Innesca ictus emorragici.

Anche nelle persone senza malattia coronarica, il binge drinking e il consumo eccessivo a lungo termine possono portare a ictus. Studi recenti mostrano che le persone che bevono hanno circa il 56% in più di probabilità di subire un ictus ischemico in dieci anni rispetto alle persone che non bevono mai. I bevitori incontrollati hanno anche circa il 39% di probabilità in più rispetto alle persone che non bevono mai di subire alcun tipo di ictus.

Inoltre, l'alcol esacerba le condizioni che spesso portano a ictus, tra cui ipertensione, aritmie e cardiomiopatia.

Ipertensione: l'uso cronico di alcol può causare ipertensione o ipertensione, così come il binge drinking. La pressione sanguigna è una funzione della pressione del tuo cuore mentre batte e della pressione all'interno delle vene e delle arterie. Mentre il cuore pompa il sangue al loro interno, i vasi sanguigni sani si espandono elastici. Quando i vasi sanguigni si irrigidiscono, l'ipertensione aumenta, rendendoli meno elastici. Il consumo eccessivo di alcol provoca il rilascio di alcuni ormoni dello stress, che a sua volta restringe i vasi sanguigni. Ciò aumenta la pressione sanguigna. Inoltre, l'alcol può influire sulla funzione muscolare all'interno dei vasi sanguigni, causando un aumento e un limite della pressione sanguigna.

Conosci i vantaggi

La ricerca suggerisce che le persone sane che bevono quantità moderate di alcol possono avere un minor rischio di sviluppare una malattia coronarica rispetto ai non bevitori. Il consumo moderato per gli uomini in un dato giorno è solitamente definito come non più di due drink e un drink al giorno per le donne che non sono incinte o che stanno cercando di concepire.

Ci sono molti fattori che possono supportare l'accumulo di grasso nelle arterie, tra cui dieta, genetica, ipertensione e età, che portano a malattie cardiache. Un eccesso di grasso restringe le arterie delle coronarie, i vasi sanguigni che forniscono direttamente il sangue al cuore. Le arterie ostruite riducono l'afflusso di sangue al muscolo cardiaco e facilitano la formazione di coaguli di sangue. Sia gli attacchi di cuore che gli ictus possono derivare da coaguli di sangue.

Bere moderatamente può proteggere il tuo cuore da queste condizioni, secondo studi recenti. Bere moderato aiuta a prevenire e ridurre l'accumulo di grasso arterioso. Può aumentare i livelli ematici di HDL o colesterolo "sano", che scongiura le malattie cardiache. Può aiutare a prevenire infarto e ictus prevenendo la formazione di coaguli di sangue e dissolvendo i coaguli di sangue in via di sviluppo. Bere moderatamente può anche aiutare a controllare i livelli di pressione sanguigna.

Tali vantaggi potrebbero non essere applicabili a persone con condizioni mediche esistenti o che assumono regolarmente altri farmaci. Gli studi spesso impediscono alle persone di iniziare a bere solo per motivi di sicurezza. In alternativa, puoi utilizzare questa ricerca per iniziare una conversazione sul percorso migliore per te con il tuo medico.

3.3 Effetti sul fegato

Una delle principali cause di malattia e morte negli Stati Uniti è la malattia del fegato. Quasi 2 milioni di americani soffrono di epatopatia indotta dall'alcol. In generale, le persone che bevono eccessivamente per molti anni sono affette da malattie del fegato.

Mentre molti di noi sanno che il consumo eccessivo di alcol può portare a malattie del fegato, potremmo non sapere perché. Comprendere le connessioni alcol-fegato può aiutarti a prendere decisioni più intelligenti sul consumo di alcol e ad avere un migliore controllo della tua salute.

Conosci la funzione

Il fegato sta lavorando duramente per mantenere un corpo sano e produttivo. Immagazzina sostanze nutritive e calore. Produce proteine ed enzimi che il tuo corpo utilizza per respingere le infezioni e la funzione. Elimina anche le sostanze pericolose dal corpo, compreso l'alcol.

Il fegato scompone la maggior parte dell'alcol che una persona consuma. Tuttavia, la scomposizione dell'alcol crea sostanze chimiche ancora più dannose dell'alcol stesso. Questi sottoprodotti distruggono le cellule del fegato, favoriscono l'infiammazione e indeboliscono le difese naturali del corpo. Tali problemi alla fine interromperanno il metabolismo del corpo e ostacoleranno il funzionamento di altri organi.

Anche se il fegato gioca un ruolo importante nella disintossicazione dall'alcol, è particolarmente vulnerabile ai danni causati dall'alcol.

Conosci le conseguenze

Mentre bere pesante può causare lo sviluppo di grasso nel fegato per alcuni giorni alla volta. Questa condizione, nota come steatosi, è la prima fase della malattia epatica alcolica e la più grave malattia epatica causata dall'alcol. Il grasso in eccesso rende più difficile il funzionamento del fegato e lo lascia esposto a infezioni dannose, come l'epatite alcolica.

Per alcuni, non ci sono chiari segni di epatite alcolica. L'epatite alcolica, tuttavia, può causare affaticamento, vomito, perdita di appetito, dolore addominale e persino confusione mentale per gli altri. Con l'aumentare della gravità dell'epatite alcolica, il fegato si ingrossa pericolosamente, causando ittero, sanguinamento eccessivo e difficoltà di coagulazione.

La fibrosi, che causa la formazione di tessuto cicatriziale nel fegato, è un'altra malattia del fegato associata al consumo eccessivo di alcol. L'alcol altera le sostanze chimiche necessarie per abbattere questo tessuto cicatriziale nel fegato e rimuoverlo. La funzionalità epatica ne risente.

Se continui a bere, questo tessuto cicatriziale eccessivo si accumula e crea una condizione chiamata cirrosi, che è un lento peggioramento del fegato. La cirrosi impedisce al fegato di svolgere funzioni critiche come il controllo delle infezioni, la rimozione del sangue di sostanze nocive e l'assorbimento dei nutrienti.

Una varietà di complicazioni può derivare poiché la cirrosi indebolisce la funzionalità epatica, inclusi ittero, insulino-resistenza e diabete di tipo 2 e persino cancro al fegato.

Fattori di rischio che vanno dalla genetica e dal sesso alla disponibilità di alcol, al consumo di abitudini sociali e persino alla dieta possono influenzare la suscettibilità individuale di una persona alla malattia epatica alcolica. Le statistiche mostrano che circa uno su cinque forti bevitori svilupperà epatite alcolica e la cirrosi svilupperà uno su quattro.

Sappi che c'è un lato positivo

La buona notizia è che una serie di cambiamenti nello stile di vita aiuterà a prevenire la malattia epatica alcolica. Il cambiamento più critico nello stile di vita è l'astinenza dall'alcol. La cessazione del consumo di alcol aiuterà a prevenire ulteriori danni al fegato. Entrambi portano alla malattia epatica alcolica attraverso il fumo di sigaretta, l'obesità e una cattiva alimentazione. Per tenere sotto controllo la malattia del fegato, è importante smettere di fumare e migliorare le proprie abitudini alimentari. Tuttavia, quando condizioni come la cirrosi diventano gravi, la scelta di trattamento primaria può essere un trapianto di fegato.

3.4 Effetti sul pancreas

Ogni anno, più di 200.000 americani vengono mandati in ospedale per pancreatite acuta. I forti bevitori sono anche molti di coloro che soffrono di problemi al pancreas. Il consumo abituale e pesante colpisce il pancreas e la pancreatite è comunemente causata.

Conosci la funzione

Il pancreas svolge un ruolo significativo nella digestione del cibo, rendendolo carburante per il funzionamento del corpo. Spinge gli enzimi nell'intestino tenue per digerire carboidrati, proteine e grassi. Inoltre secerne glucagone e insulina, ormoni che controllano l'uso del glucosio, la principale fonte di energia del corpo. L'insulina e il glucagone controllano i livelli di glucosio, facendo sì che tutte le cellule utilizzino il glucosio combustibile. L'insulina aiuta anche a immagazzinare il glucosio extra come glicogeno o grasso.

L'alcol distrugge le cellule pancreatiche quando bevi e influenza i processi metabolici che coinvolgono l'insulina. Questo processo lascia aperte infiammazioni pericolose al pancreas.

Conosci i rischi

Il pancreas senza alcool invia enzimi all'intestino tenue per metabolizzare il cibo. Questo processo è confuso con l'alcol. Invece di fornire gli enzimi all'intestino tenue, consente al pancreas di secernere i succhi digestivi. Questi enzimi e l'acetaldeide, una sostanza prodotta metabolizzando o abbattendo l'alcol, sono dannosi per il pancreas. Quando si consuma regolarmente alcol per un lungo periodo di tempo, questo processo in corso causerà infiammazione e gonfiore dei tessuti e dei vasi sanguigni.

Questa infiammazione è chiamata pancreatite, che impedisce il corretto funzionamento del pancreas. La pancreatite, o pancreatite acuta, si verifica come un attacco improvviso. L'infiammazione può diventare persistente man mano che il consumo eccessivo di alcol continua. Questo disturbo è indicato come pancreatite cronica. La pancreatite è anche un fattore di rischio per la crescita del cancro del pancreas.

Un forte bevitore non è in grado di rilevare l'accumulo di danno pancreatico fino a quando un attacco non è causato dai problemi.

Un attacco pancreatico acuto provoca sintomi come

- Dolore addominale che può irradiarsi alla schiena

- Nausea e nausea

- Febbre

- Frequenza cardiaca veloce

- Diarrea

- Sudorazione

La pancreatite ricorrente innesca tali sintomi oltre a forti dolori addominali, significativa riduzione della funzione pancreatica e della digestione e problemi con la glicemia. La pancreatite cronica uccide gradualmente il pancreas, portando al diabete o addirittura alla morte.

Anche se una singola abbuffata non porterà immediatamente alla pancreatite, il rischio di contrarre la malattia aumenterà se il consumo eccessivo di alcol si verifica nel tempo.

Tali rischi si estendono a tutti i forti bevitori, ma la pancreatite è stabilita solo dal 5% circa delle persone con dipendenza da alcol. Molte persone sono più suscettibili alla malattia di altre, ma gli scienziati non hanno ancora determinato in modo specifico che vi sia un ruolo significativo da svolgere nei fattori ambientali e genetici.

Il trattamento aiuta ma non cura

L'astinenza dall'alcol può ritardare lo sviluppo della pancreatite e ridurre i sintomi dolorosi. Inoltre, una dieta a basso contenuto di grassi può aiutare. Anche la protezione dalle infezioni e l'ottenimento di un trattamento di supporto sono fondamentali. Le opzioni di trattamento possono migliorare la funzione pancreatica, inclusa la terapia enzimatica sostitutiva o l'insulina. La procedura è necessaria in alcuni casi per alleviare il dolore, rimuovere i blocchi e ridurre gli attacchi. È possibile gestire gli effetti della pancreatite alcolica, ma non facilmente reversibile.

3.5 Rischi di cancro

Genetica, ambiente e abitudini di vita possono aumentare il rischio di cancro. Non possiamo fare nulla per cambiare i nostri geni e spesso per cambiare il nostro ambiente non possiamo fare molto. Ma una storia diversa riguarda le abitudini di vita.

Un'abitudine di stile di vita di bere troppo alcol aumenterà il rischio di sviluppare alcuni tipi di cancro. Ciò non significa che chiunque beva troppo svilupperà il cancro. Ma più si beve, maggiori sono le possibilità di sviluppare questi tipi di cancro, più numerosi studi suggeriscono.

Un gruppo di scienziati italiani, ad esempio, ha esaminato più di 200 studi che esaminano l'impatto dell'alcol sul rischio di cancro. I risultati combinati di questi studi mostrano chiaramente che maggiore è il rischio di sviluppare una serie di tumori, più si beve. Il National Cancer Institute come fattore di rischio per i seguenti tipi di cancro:

- Bocca

- Esofago

- Faringe

- Laringe.

Bere 5 o più drink al giorno può anche aumentare il rischio di altri tumori, incluso il cancro del colon o del retto. In realtà, dati astratti dal recente rapporto del World Cancer Research Fund mostrano che le donne che bevono regolarmente cinque bevande alcoliche ogni giorno hanno circa due volte il rischio di sviluppare il cancro del colon o del retto rispetto alle donne che non bevono affatto.

Spesso, le persone che bevono hanno maggiori probabilità di fumare e la combinazione aumenta notevolmente il rischio. Per alcuni tipi di cancro, le sigarette da sole sono un noto fattore di rischio. Fumare e bere insieme, tuttavia, intensifica gli effetti cancerogeni di ciascuna sostanza. L'effetto complessivo rappresenta un rischio ancora maggiore.

Il rischio di cancro alla gola e alla bocca è particolarmente elevato perché sia l'alcol che il tabacco sono a diretto contatto con queste regioni. Insieme, le persone che bevono e fumano hanno 15 volte più probabilità di sviluppare tumori alla bocca e alla gola rispetto ai non bevitori e ai non fumatori. Inoltre, studi recenti stimano che alcol e tabacco insieme siano responsabili di:

- L' 80% dei tumori alla gola e alla bocca degli uomini

- Il 65% delle donne ha il cancro alla gola e alla bocca

- L' 80% del carcinoma a cellule squamose dell'esofago femminile, un tipo di cancro dell'esofago

- Dal 25 al 30 percento di tutti i tumori del fegato

Donne e cancro

Lo studio ha scoperto che l'alcol aumenta le possibilità che le donne sviluppino tumori al seno, allo stomaco, alla gola, al retto, al fegato e all'esofago. I ricercatori hanno collegato l'alcol a circa il 13% di questi casi di cancro.

Lo studio ha anche concluso che il rischio di cancro aumenta indipendentemente da quanto poco o quale tipo di alcol beva una donna. Anche un solo drink al giorno può aumentare il rischio e con ogni bevanda aggiuntiva continua ad aumentare. Sebbene gli uomini non siano stati inclusi in questo studio, i ricercatori ritengono che questa minaccia sia probabilmente simile agli uomini.

Il rapporto attribuisce anche l'alcol in circa l'11% di tutti i casi di cancro al seno. Ciò suggerisce che circa 27.000 dei 250.000 casi di cancro al seno diagnosticati negli Stati Uniti nel 2008 potrebbero provenire dall'alcol.

Conosci i motivi

Gli scienziati stanno cercando di capire esattamente come e perché l'alcol può causare il cancro. Ci sono una serie di possibili spiegazioni.

Un altro motivo è che l'alcol in sé non è la causa principale del cancro. Sappiamo che la metabolizzazione o la degradazione dell'alcol provoca tossine dannose nel corpo. L'acetilaldeide è una di queste tossine. L'acetilaldeide distrugge il materiale genetico delle cellule e le rende incapaci di riparare il danno. Inoltre fa sì che le cellule crescano troppo velocemente, rendendo i cambiamenti genetici e gli errori maturi per le condizioni. Il cancro nelle cellule con materiale genetico difettoso può crescere più facilmente.

Tuttavia, recenti studi sugli animali hanno dimostrato che inducono il corpo a produrre quantità aggiuntive di una proteina chiamata VEGF mentre le cellule tentano di abbattere l'alcol. Il VEGF stimola lo sviluppo dei vasi sanguigni e la crescita dei tessuti degli organi. Troppo VEGF sulla vibrazione lato, però, è che esso permette ai vasi sanguigni di espandersi nelle cellule tumorali che muoiono da soli. Consente alle cellule cancerose di trasformarsi in tumori.

Sappiamo anche che causando la cirrosi, l'alcol danneggerà il fegato. Quando si accumula una quantità eccessiva di tessuto cicatriziale all'interno del fegato, si verifica la cirrosi che lo rende incapace di svolgere le sue funzioni vitali. Il cancro al fegato è una delle tante complicazioni che possono essere causate dalla cirrosi.

Gli ormoni possono essere il collegamento tra alcol e cancro al seno. L'alcol, compresi gli estrogeni, può aumentare la quantità di alcuni ormoni nel corpo. L'eccesso di estrogeni può portare al cancro al seno.

Alla fine, alcuni forti bevitori possono avere geni che svolgono un ruolo nella prevenzione dello sviluppo del cancro. Un team di ricerca europeo ha esaminato 9.000 persone con abitudini di vita simili per determinare il motivo per cui alcuni hanno sviluppato tumori della bocca e della gola, mentre altri no. Tra i partecipanti che erano forti bevitori, c'era una particolare alterazione genetica tra coloro che non sviluppavano tumori che ha permesso loro di abbattere l'alcol circa 100 volte più velocemente di quelli senza. Lo studio ha dimostrato che questo gene è la ragione per cui, in reazione al consumo eccessivo di alcol, alcune persone hanno meno probabilità di sviluppare il cancro.

Sappi che c'è un lato positivo

Per fortuna, gli studi dimostrano che bevendo meno, ridurrai il rischio di cancro. Un recente rapporto canadese dal 1966 al 2006 ha analizzato gli studi e ha concluso che la riduzione del rischio è possibile, in particolare per i tumori della testa e del collo. Lo studio ha dimostrato che il rischio di sviluppare il cancro diminuisce quando le persone si astengono dal bere. Nonostante 20 anni di astinenza, gli ex fumatori avevano lo stesso rischio di cancro alla testa e al collo di coloro che non avevano mai bevuto.

Effetti sul sistema immunitario

Tutt'intorno a noi ci sono germi e batteri. Il sistema immunitario è, fortunatamente, progettato per proteggere il corpo da numerose sostanze estranee che possono farci ammalare. Bere alcol indebolisce il sistema immunitario, rendendo la lotta contro le malattie ancora più difficile per la tua organizzazione. Comprendere l'effetto dell'alcol sul tuo sistema immunitario può influenzare le tue decisioni sul consumo di alcol.

Conosci i fatti

Rispetto a un esercito, il tuo sistema immunitario è spesso. Questo esercito protegge il corpo da malattie e infezioni. La pelle e il patrimonio mucoso del tratto respiratorio e gastrointestinale aiutano a impedire ai batteri di entrare nel tuo corpo o di rimanervi. Se le sostanze estranee riescono in qualche modo a superare queste barriere, il tuo sistema immunitario con due sistemi difensivi entra in azione: innato e adattivo.

Prima di essere esposto a sostanze estranee come batteri, virus, funghi o parassiti, il sistema innato esiste nel tuo corpo. Queste sostanze possono invadere il tuo corpo e farti ammalare, che sono chiamate antigeni. Globuli bianchi della prima linea di difesa contro le infezioni. Circondano e inghiottono rapidamente corpi estranei.

• Cellule natural killer (NK) Le cellule natural killer sono diversi globuli bianchi che riconoscono e distruggono le cellule cancerose o infettate da virus.

• Citochine I globuli bianchi trasmettono direttamente a un sito contaminato questi messaggeri chimici. Le citochine causano reazioni infiammatorie, come la dilatazione dei vasi sanguigni e l'aumento del flusso sanguigno nell'area interessata. Anche più globuli bianchi sono chiamati a sciamare in un'area infetta.

• Dopo che sei stato esposto per la prima volta a un'infezione, il sistema adattivo entra in azione. Il tuo sistema adattivo lo combatte più velocemente e in modo più efficiente rispetto alla prima volta che incontri la stessa malattia.

• Linfociti T I linfociti T migliorano la funzione dei globuli bianchi attaccando specifiche sostanze estranee. Una vasta gamma di batteri e virus può essere rilevato e ucciso da Tcellule. Le cellule infette possono anche essere distrutte e le citochine secrete.

• Linfociti B I linfociti B producono anticorpi per contrastare le sostanze nocive aderendo ad essi e separandoli dalle altre cellule immunitarie.

• Anticorpi Essi producono anticorpi quando le cellule B incontrano gli antigeni. Si tratta di proteine che colpiscono antigeni specifici e quindi riconoscono che possono essere combattuti con l'antigene.

Conosci i rischi

Il sistema immunitario innato e adattivo è indebolito dall'alcol. L'uso cronico di alcol riduce la capacità dei globuli bianchi di ingerire efficacemente i batteri nocivi. Bere eccessivo sconvolge anche la produzione di citochine, provocando sia troppo o non abbastanza di questi messaggeri chimici ad essere prodotte dal vostro corpo. Un'abbondanza di citochine può danneggiare i tuoi tessuti, mentre una carenza di citochine ti esporrà alle infezioni.

L'uso cronico di alcol sopprime anche la crescita delle cellule T e può ostacolare la capacità delle cellule NK di attaccare le cellule tumorali. Questa ridotta attività ti rende più vulnerabile a batteri e virus e meno probabilità di uccidere le cellule tumorali.

I consumatori cronici hanno maggiori probabilità rispetto alle persone che non bevono troppo di sviluppare malattie come la polmonite e la tubercolosi con un sistema immunitario compromesso. Le prove collegano anche il danno causato dall'alcol al sistema immunitario con una maggiore vulnerabilità all'infezione da HIV. Per i bevitori cronici che hanno già la malattia, l'HIV progredisce più rapidamente.

Puoi anche indebolire il sistema immunitario bevendo molto in una sola occasione. Bere fino a intossicarsi può rallentare la capacità del corpo di produrre citochine che prevengono l'infezione causando infiammazione. Senza queste risposte infiammatorie, la forza del tuo corpo per difendersi dai batteri è significativamente ridotta. Uno studio recente mostra che lo sviluppo più lento delle citochine infiammatorie ridurrà la capacità di combattere le infezioni dopo aver bevuto per un massimo di 24 ore.

Sto ancora cercando il lato positivo

A questo punto, gli scienziati non sanno se l'astinenza, la riduzione del consumo di alcol o altri interventi possono aiutare a invertire gli effetti del sistema immunitario dell'alcol. Tuttavia, evitare di bere aiuta a ridurre al minimo lo stress sul tuo sistema immunitario, in particolare se stai combattendo un'infezione virale o batterica.

3.6 Fattori di personalità

Molte persone hanno maggiori probabilità di altre di sviluppare alcolismo. Ad esempio, le persone che hanno maggiori probabilità di perseguire o ignorare il pericolo, come quelle che sono meno inibite, hanno maggiori probabilità di consumare alcolici. Le variabili di personalità, come i geni, sono incredibilmente complicate e interagiscono tra loro. Qualcuno che vuole solo essere "la vita della festa" può diventare un grande bevitore sociale perché crede che quando è ubriaco.

Sono più "simili" e qualcuno con un'intensa timidezza può diventare un forte bevitore per alleviare il proprio disagio nelle situazioni sociali. Anche le percezioni individuali del bere giocano un ruolo significativo. Le persone con opinioni ottimistiche sull'impatto dell'alcol hanno maggiori probabilità di sviluppare una dipendenza rispetto alle persone con aspettative negative sugli effetti dell'alcol.

Fattori di scelta personale

In termini di dipendenza, ci sono alcune forme di scelta personale. Ad esempio, qualcuno che ha deciso di non bere mai non svilupperebbe certamente l'alcolismo. Tuttavia, coloro che scelgono di evitare gli ambienti sociali in cui è probabile che si beva, hanno anche meno probabilità di sviluppare una dipendenza. Tuttavia, una volta che un individuo inizia a bere per scelta personale, l'effetto sul fatto che diventi un alcolizzato rispetto ad altre variabili sarà notevolmente inferiore.

Fattori di storia del bere

La storia del bere influisce in modo significativo sulla probabilità di una persona di sviluppare una dipendenza. Quelli con una lunga tradizione nel bere hanno maggiori probabilità di diventare alcolizzati rispetto a qualcuno che ha bevuto alcolici per meno tempo. Allo stesso modo, le persone che hanno consumato più alcol hanno maggiori probabilità di diventare un alcolizzato rispetto alle persone che hanno consumato meno alcol. In realtà, l'uso di alcol ricollega il cervello a desiderare e fare affidamento sull'alcol, e questi sono effetti cumulativi.

Fattori genetici

Diversi studi hanno concluso che nessun singolo fattore ha lo stesso effetto dei geni di quella persona sul fatto che qualcuno diventi o meno un alcolizzato. I figli biologici di alcolisti, cresciuti da alcolisti o non alcolisti, hanno molte più probabilità di diventare alcolizzati. Allo stesso modo, i bambini non biologici educati all'alcol hanno meno probabilità di diventare alcolizzati rispetto ai bambini biologici educati all'alcol.

La genetica dell'alcolismo è incredibilmente complicata e lungi dall'essere pienamente compresa. Non è un singolo gene che causa dipendenza, ma un gran numero di geni che interagiscono tra loro. Sono stati scoperti almeno 51 geni che hanno avuto un impatto sull'alcolismo. La genetica ha un impatto su molti aspetti dell'alcol. La genetica, ad esempio, influenza la facilità e la rapidità con cui la dipendenza si interrompe, quanto sono cattivi i postumi di una sbornia, quanto alcol sente una persona, quanto un individuo cerca comportamenti rischiosi e quanto è probabile che qualcuno smetta o continui a bere.

Ad eccezione della genetica, la vita familiare di un individuo gioca un ruolo importante nella probabilità di sviluppare l'alcolismo. Le persone che crescono in una famiglia che pratica o addirittura promuove il consumo di alcolici hanno maggiori probabilità di sviluppare alcolismo. Il bere pesante è standardizzato e reso affascinante in queste famiglie, rendendolo socialmente accettabile, previsto e potenzialmente desiderabile.

Fattori ambientali

Nell'alcolismo, qualcuno risiede. L'acquisto di alcol è notevolmente più difficile e costoso in alcuni paesi e stati. Con una minore esposizione, una persona ha meno probabilità di sviluppare alcolismo. L' alcol è più presente in un ambiente, più è probabile che una persona è quello di sviluppare l'alcolismo. Anche la ricchezza della famiglia gioca un ruolo. Gli individui con una maggiore ricchezza familiare sono molto più propensi a consumare alcol e sviluppare problemi nell'uso di alcol. Negli Stati Uniti, il 78% delle persone con un reddito familiare annuo di $ 75.000 all'anno beve, mentre solo il 45% delle persone con un reddito familiare annuale inferiore a $ 30.000 beve.

Fattori religiosi

Mentre qualcuno di qualsiasi fede può diventare un alcolizzato, le persone che sono rigorosi aderenti a religioni che sono fortemente contrarie all'alcol hanno meno probabilità di diventare alcolisti. Ciò è particolarmente vero quando le leggi locali, le pratiche sociali e la disponibilità di alcol sono fortemente influenzate dalla religione. Islam, mormonismo, protestantesimo evangelico e giudaismo ortodosso sono alcuni degli esempi più studiati.

Fattori sociali e culturali

L'alcolismo è influenzato da molti fattori sociali e culturali. I problemi di abuso di alcol sono generalmente più probabili quando il consumo di alcol è normale o promosso. Forse l'esempio più citato è il college, dove il consumo di alcol è ampiamente celebrato e accettato, inclusi tipi di bevande particolarmente pericolosi come il binge drinking.

La terapia è influenzata anche da fattori sociali e culturali. Le società, dove il bere è considerato vergognoso, possono indurre gli alcolisti a nascondere la loro dipendenza e cercare cure a causa dello stigma di essere conosciuto come un alcolizzato. Il bere è influenzato sia da dominanti che da sottoculture. I membri di alcune sottoculture hanno maggiori probabilità di essere coinvolti nell'abuso di alcol, che in molti casi è attivamente incoraggiato da altri membri e considerato una forma di accettazione.

Fattori di età

La probabilità di abuso di alcol è fortemente influenzata dall'età di un individuo. Nella tarda adolescenza, il consumo di alcol di solito inizia all'inizio degli anni venti, raggiunge il picco tra la fine degli anni venti e la metà degli anni venti e rallenta all'inizio degli anni trenta. È più probabile che le persone abusino di alcol tra i primi anni e la metà degli anni venti, soffrendo di disturbi da uso di sostanze. Tuttavia, più una persona inizia a bere alcolici, più è probabile che sviluppi l'alcolismo più tardi nella vita. Ciò riguarda soprattutto le persone che iniziano a bere prima dei 15 anni.

Fattori educativi

Più una persona è istruita, in generale, più è probabile che beva alcolici. L'80% dei laureati beve negli Stati Uniti, mentre solo il 52% beve senza bevande universitarie. I laureati che bevono hanno il 61% di probabilità in più rispetto ai laureati non universitari che bevono per dire di aver bevuto alcolici nelle ultime 24 ore. Ad esempio, l'allenamento spesso influenza alcune abitudini di consumo. I laureati statunitensi preferiscono fortemente la birra al vino, mentre gli studenti non universitari preferiscono la birra al vino.

Fattori di carriera

Molte professioni hanno maggiori probabilità di altre di sviluppare l'alcolismo. Ciò è particolarmente vero per quanto riguarda le professioni ad alto stress, ad alto rischio o quelle dominate da giovani adulti. I membri militari, in particolare, hanno maggiori probabilità di sviluppare disturbi legati al consumo di alcol. L'occupazione di solito influisce sul consumo di alcol.

Fattori di rischio specifici noti

• Consumo di oltre 15 drink a settimana per gli uomini o 12 drink a settimana per le donne

• Binge drinking (consumo di più di cinque o più drink ogni 2 ore per gli uomini o quattro o più drink ogni 2 ore per le donne)

• Familiari biologici con alcolismo o tossicodipendenza

• Problemi di salute mentale come disturbo bipolare, depressione o ansia È importante ricordare che non esiste alcun fattore di rischio che determina il futuro e il passato non lo detta.

I professionisti del trattamento hanno molti anni di esperienza lavorando con loro tutti i tipi di fattori di rischio e tossicodipendenti di ogni ceto sociale e sanno come aiutarti. Oppure individua subito una struttura di riabilitazione, contatta uno specialista di assistenza impegnato per aiutarti a navigare attraverso il tuo passato e il tuo presente per farti entrare nel futuro.

Capitolo 4: Come smettere di bere

Cambiare il tuo comportamento è solo un aspetto della riduzione della dipendenza dall'alcol, ma è significativo e c'è una differenza tra smettere di alcol ed evitare l'alcol.

Controllare la pressione, le decisioni e persino la dieta eliminerà le barriere che ti tengono lontano dalla dipendenza dall'alcol su base giornaliera. Non tutti stanno sperimentando lo stesso ritiro di alcol. In effetti, ci sono cose che puoi fare per spostarlo rapidamente.

Per alcuni uomini, è solo quello di rilassarsi con un bicchiere o due di vino. Stai uscendo con i compagni. Stai versando e stai sorseggiando, hai quella sensazione calda e rilassata. Un bicchiere diventa tanti per molti, una notte fuori diventa ogni notte e l'alcol inizia ad assumere un ampio spazio mentale che diventa il fulcro della tua vita. Un bicchiere diventa tanti per molti, una notte fuori diventa ogni notte e l'alcol inizia ad assumere un ampio spazio mentale che diventa il fulcro della tua vita.

4.1 Come funziona la dipendenza da alcol

Se sei dipendente da qualcosa, ciò non significa che sei debole o riluttante. La dipendenza vive nei circuiti del tuo cervello; è non una debolezza personale.

Nel tuo cervello, sostanze che creano dipendenza come l'alcol causano recettori per il piacere. Più frequentemente svolgi i tuoi percorsi di piacere, meno piacere provi nel tempo. E, per ottenere quelle sostanze chimiche felici, il cervello cercherà trigger sempre più forti. Dopo così tante ripetizioni, il tuo cervello si abitua agli stimoli e nel tempo sei così abituato che devi avere la tua soluzione per funzionare.

4.2 Smettere di bere

Buone abitudini

Non importa che tu stia iniziando una nuova abitudine o rompendo una vecchia abitudine, il successo dipende da tre cose:

• Cambiare il tuo comportamento o iniziando un nuovo comportamento o interrompendone uno

• Forza di volontà che resiste fisicamente e mentalmente ai momenti di debolezza e tentazione

• Spesso devi cambiare il tuo modo di vedere te stesso nel mondo. In sostanza, interrompere l'alcol ha tre fasi distinte:

• Detox elimina dal tuo corpo tutte le cose sgradevoli che si sono accumulate in anni di bevute

Inizia il percorso verso il recupero completo comprendendo che hai bisogno di tutte queste variabili per lavorare insieme; potete mettere l'uno intorno all'altro il vostro piano per far cadere la bottiglia.

Forza di volontà

Hai una serie di esperienze mentre ascolti storie su come le persone smettono di bere. Molti alcolisti semplicemente decidono che vogliono provare e bere fermata e mai guardare indietro. Altri passano attraverso una serie di fermate e ricadute fino a quando non decidono di registrarsi in un centro di riabilitazione residenziale.

L'alcolismo non è solo una questione di potere volontario. Il direttore esecutivo della National Association for Providers of Addiction Treatment afferma: "I meccanismi di selezione del cervello durante la dipendenza sono effettivamente danneggiati. Sebbene i disturbi comportamentali richiedano un aspetto di controllo, scelta e pratica, non sarebbe corretto non capire che la dipendenza è un cervello malattia, e i meccanismi di scelta dei lobi frontali sono effettivamente rotti. Forse non potevi aiutare te stesso quando pensavi di non poterti aiutare in una situazione.

Possibilità di successo

Quando smetti di bere, entrambi dovete cambiare il vostro ambiente per rimuovere la tentazione ed essere resilienti quando la tentazione colpisce.

La spiegazione di questo è che hai diversi livelli di ragionamento coinvolti nel prendere decisioni. Parla di pensiero di alto livello come il cervello umano che è più avanzato. Puoi riflettere sulle cose quando sei rilassato, valutare pro e contro, prevedere i risultati nella tua mente e prendere la migliore decisione possibile.

Il ragionamento di alto livello ti aiuta a fermarti e considerare razionalmente che non ne vale la pena finché non bevi quel primo sorso di alcol.

Parla di pensiero al livello inferiore come il cervello interno del Labrador. Sei più impulsivo quando lasci che il tuo Labrador pensi per te I Labrador inseguono macchine in movimento e mangiano uccisioni stradali senza un brandello di pensare a cosa sta succedendo dopo. Quando il tuo istinto di sopravvivenza entra in gioco, passi a questo livello di pensiero inferiore quando ti senti affamato, stressato o spaventato. Questo perché il cervello del Labrador prende decisioni basate sul sistema di ricompensa del tuo cervello.

Vedi un boccale di birra ghiacciato quando usi il pensiero di livello inferiore e il tuo cervello dice: "Vai a prenderlo". E tu lo fai.

L'alcol fa sì che il sistema di ricompensa del tuo cervello pensi che ne hai bisogno per sopravvivere. Dovresti analizzarlo a fondo e considerare le conseguenze se fai tutto il possibile per mantenere il cervello umano in funzione. Sarai in grado di disattivare quelle abitudini di ricerca di alcol mantenendo il cervello del Labrador tranquillo

Una dieta può aiutare

Può sembrare difficile pensare di cambiare il modo in cui mangi mentre cerchi di smettere di bere. La stabilità della glicemia, tuttavia, ti aiuta a prendere decisioni migliori durante la giornata. Quando il livello di zucchero nel sangue diminuisce e ti senti affamato, il cervello del Labrador inizia ad abbaiare per il cibo e qualsiasi altra cosa che entra nel loro campo visivo. Ridurre lo zucchero e gli alimenti ricchi di amido evita esplosioni di energia, portando a comportamenti irritabili e impulsivi. Dipende invece dai grassi di alta qualità che ti manterranno sazio più a lungo.

Riduci il numero di decisioni

Tutte le piccole scelte che fai durante il giorno si sommano. Perché? Proprio come il tuo corpo, la tua mente si stanca. Prima di dover ricostituire le tue risorse cognitive, hai un piccolo numero di decisioni che puoi prendere in qualsiasi momento. Ecco perché alla fine di una lunga giornata, la forza di volontà è più debole.

• Automatizza le spese, così non devi preoccuparti di loro

- Pranzi di preparazione dei pasti per la settimana in modo da non sapere cosa mettere in valigia ogni mattina

- Prepara i vestiti per la settimana o usa un guardaroba a capsule in modo da poterti vestire senza pensare

- Crea una routine con il tuo compagno di allenamento, così non devi preoccupartene. È davvero bello essere liberi dalla fatica decisionale quando si ha a che fare con cose importanti come bere o meno.

Pratica la consapevolezza

Puoi misurare il tuo desiderio di agire prima di agire effettivamente quando presti attenzione a ciò che stai facendo. Questo mantiene il cervello umano in equilibrio e il cervello del Labrador silenzioso.

Non solo aumenta la tua coscienza per alcuni minuti di meditazione quotidiana, ma migliora anche la corteccia prefrontale del tuo cervello. Ciò è significativo perché i ricercatori associano le carenze nella corteccia prefrontale alla dipendenza. La meditazione è uno dei modi interessanti per aumentare la tua resilienza che puoi fare ovunque, senza l'attrezzatura necessaria.

Gestisci lo stress

Non è così facile resistere agli impulsi quando sei stressato. Uno studio ha dimostrato che l'esposizione all'alcol non ha avuto alcun effetto sul desiderio di alcol quando era rilassato. Quando le persone erano più stressate o di cattivo umore, i partecipanti allo studio sulla dipendenza dall'alcol volevano bere qualcosa. Per ridurre al minimo lo stress, puoi provare le tecniche di respirazione Meditation Yoga. Mantenere lo stress manterrà calmo anche il cervello del tuo Labrador. Questo rende più facile tenere fuori dalla bocca il bicchiere di vino.

4.3 Ritiro e disintossicazione

Una volta che smetti di bere, puoi sperimentare una varietà di sintomi di astinenza come

- Ansia

- Disturbi dell'umore

- Disturbi del sonno

- tremori, contrazioni

- Disagio o destino imminente

- Depressione

- Sudorazione

- Confusione

- Allucinazioni (forti bevitori)

La gravità dei sintomi di astinenza e quanto tempo durano. Di solito iniziano otto ore dopo il tuo ultimo drink e raggiungono il picco dopo 24-72 ore, anche se fossi un forte bevitore, i sintomi potrebbero durare per alcune settimane.

L'astinenza da alcol può variare da molto fastidiosa a grave e pericolosa per la vita, a seconda di quanto il tuo corpo si è adattato agli effetti dell'alcol. I bevitori regolari più leggeri potrebbero aver bisogno solo di alcuni aspetti per essere alimentati. In un ambiente controllato dal punto di vista medico, i forti bevitori dovrebbero disintossicarsi. A volte è difficile, ad essere onesti, quanto hai bevuto con te stesso, quindi lasciare che un professionista faccia questa chiamata è probabilmente saggio. Coinvolgi la procedura con il tuo medico.

Puoi fare qualsiasi cosa che ti aiuti a superare gli aspetti più lievi dell'astinenza dall'alcol. Ecco alcuni modi fantastici per rendere il processo di astinenza più semplice e per superare la disintossicazione il più rapidamente possibile.

Considera il glutatione

Una volta che ti sei disintossicato dall'alcol, vuoi ottenere le sostanze che rendono il più difficile possibile uscire dal tuo sistema. Il tuo corpo produce un potente antiossidante, il glutatione, nel fegato che aiuta a disintossicare il tuo corpo. Se si dispone di tutti i blocchi di costruzione nel vostro corpo, il fegato ha la migliore occasione per fare la giusta quantità di glutatione per aiutarvi con esso. Da 2 a 4 cucchiai di proteine del siero di latte hanno tutti i precursori su un mazzo di cui hai bisogno per produrlo.

Carbone attivo

Le sostanze tossiche e i metalli pesanti (incluso l'alcol) sono caricati positivamente e il carbone si lega agli ioni caricati positivamente e aiuta il corpo ad assorbirli. L'alcol contiene lievito che lascia tonnellate di sostanze chimiche come aldeidi e ammoniaca nel tuo corpo quando muore. Dopo aver bevuto a lungo termine i sottoprodotti del lievito e le impurità del processo di produzione, c'è molto da pulire. Le sostanze tossiche e i metalli pesanti (compreso l'alcol) sono caricati positivamente e il carbone si lega agli ioni caricati positivamente e aiuta ad eliminarli dal corpo. In realtà, i medici al pronto soccorso prescrivono regolarmente carbone vegetale per curare le overdose. Dovresti prendere carbone per aiutarti durante il ciclo di disintossicazione. È anche legato ai nutrienti del cibo che mangi, quindi prendili se ne hai bisogno.

Il carbone legherà i principi attivi nelle prescrizioni, quindi una rapida chiacchierata con il tuo farmacista può aiutarti a fare la cosa giusta se stai assumendo farmaci. Un buon modo per scegliere una capsula di carbone che ha fatto da noci di cocco fine-terra negli Stati Uniti, piuttosto che dalle ossa di mucca chissà dove.

Smettere di alcol vs Evitare alcol

La maggior parte degli alcolisti ritiene che non funzioni ridurre l'alcol o svezzarlo, in particolare durante il recupero precoce. Per prevenire le ricadute, devono smettere completamente di alcol.

E ' una cosa di smettere di alcol. La bestia è evitare l'alcol. La tentazione deve essere evitata perché gli alcolisti hanno una reazione fisica ed emotiva diversa rispetto ai normali bevitori di fronte a una bevanda alcolica o ad altre indicazioni di consumo.

Tieni l'alcol fuori dalla tua casa

La cosa più importante che puoi fare per evitare l'alcol è portarlo fuori da casa tua. Se vivi da solo, buttarlo giù per lo scarico è abbastanza facile e non correre al corridoio delle bevande quando prendi la decisione.

Tuttavia, se hai membri della famiglia che bevono e non vogliono portarlo fuori di casa, potrebbe essere il momento di guardare a una nuova situazione.

 Il medico sottolinea: "Nella fase di recupero precoce, se ti trovi nello stesso contesto in cui sei stato, è molto difficile rimanere in riabilitazione. Ecco perché un periodo di trattamento residenziale è un'ottima idea perché sei lontano da un atmosfera tossica. "Le situazioni familiari possono essere un ostacolo tanto quanto le situazioni con amici e coinquilini.

"Le famiglie non dovrebbero essere al sicuro. I sistemi familiari sono spesso molto malati e l'alcolismo è una malattia della famiglia. Spesso viene trasmesso. Non è un buon posto dove tornare se la tua casa è malata", dice il dottore.

"Non c'è davvero alcun problema per le persone che sono state sobrie per molto tempo. Vanno a una festa, a un evento di vacanza, persino al bar. Va tutto bene. Ma non nella fase di recupero precoce. Hai per avere sicurezza. Una vita sobria è consigliata dopo un trattamento intensivo iniziale. Vivere con altre persone in posizione simile che stanno cercando per un periodo di tempo di mantenere uno stile di vita sano. Troviamo che sia un trattamento graduale.

"E forse non tornerai al mondo originale. Dipende da quanto è stato malato." Alcune persone devono evitare per sempre situazioni allettanti. Altri non guardano mai indietro. Sii consapevole delle tue abitudini e sii onesto su ciò che puoi fare per te stesso.

Ad esempio, se vuoi andare a pescare e questo di solito significa bere tutto il giorno, potresti dover smettere di pescare per un po' '. Alcune persone potrebbero aver bisogno di un hobby completamente nuovo per sostituire la pesca. Se la domenica tu ei tuoi amici brunch con le mimose, non c'è abbastanza tempo per perdere le mimose durante il recupero precoce. Potrebbe essere necessario perdere tutti i brunch.

Organizza feste nell'epicentro con qualcos'altro per preservare la tua vita sociale. Vai in kayak, fai escursioni, gioca ai giochi da tavolo, fallo con gli amici qualunque cosa ami fare.

Stile di vita

Il successo dipende dall'avere un supporto tra pari dopo un periodo intenso. Alcolisti Anonimi è un'organizzazione altamente spirituale che si concentra sull'idea che sarai guidato da un potere superiore nei momenti difficili. Questa è una grande notizia se si dispone di una pratica della religione in atto una certa pratica a tutti, perché è un dio non specifico.

Se non ti riferisci alla nozione di potere superiore, va benissimo. Programmi come SMART Recovery utilizzano molti degli stessi principi per fornire un approccio secolare. Il medico suggerisce che servizi come la terapia equina e Phoenix Multi-sport offrono supporto tra pari mentre aiutano le persone a relazionarsi in modo nuovo con l'ambiente.

Non è mai "preso a calci".

Il dottore fa notare che l'alcolismo non ti è mai passato del tutto. C'è sempre la possibilità di ricaduta. Piuttosto che pensarlo come qualcosa che hai fatto che puoi disfare, immagina un percorso, una dedizione a un nuovo modo di vivere, alla guarigione. Sappi che sono disponibili modi per arrivare dall'altra parte. Quando l'alcol non ti trattiene più, le tue giornate saranno più felici, più sicure e soddisfacenti.

Smettere di alcol non è facile e sarà il più difficile durante i primi giorni. Farai tutto il necessario per essere libero dalla dipendenza da alcol e ti ci vorrà molto tempo per credere che lo farai.

Capitolo 5: Superare la dipendenza da alcol

Sei pronto a smettere di bere o passare a un livello superiore? Questi metodi possono aiutarti a uscire dalla strada per il recupero.

Può essere una strada lunga e accidentata per superare la dipendenza da alcol. A volte può anche sembrare impossibile. Ma non è così. Se sei disposto a smettere di bere e ottenere il supporto di cui hai bisogno, guarirai dall'abuso di alcol, non importa quanto sia pesante la bevanda o quanto ti senti debole. Ma non devi restare finché non raggiungi il fondo della roccia; puoi regolarlo in qualsiasi momento. Quei consigli vi aiuteranno a ottenere oggi iniziare sulla strada della ripresa, se si desidera smettere di bere del tutto o taglio ai tassi più sicuri.

La maggior parte delle persone con problemi di alcol non sceglie di cambiare immediatamente le proprie abitudini di consumo o di fare un grande cambiamento di punto in bianco. In generale, il recupero è un processo più graduale. La negazione è un enorme ostacolo nelle prime fasi della transizione. Scuserai e trascinerai i piedi anche dopo aver ammesso di avere un problema con l'alcol. Riconoscere la tua ambivalenza riguardo a smettere di bere è fondamentale. Se non sei sicuro di essere disposto a cambiare o hai difficoltà con la decisione, può aiutarti a pensare ai costi e ai benefici di ogni scelta.

5.1 Valutazione dei costi

Creare una tabella come quelle sottostanti che confronti i benefici e i costi del consumo di alcol con i benefici e i costi dell'arresto.

Vale la pena bere

Mi aiuta a dimenticare i miei problemi.

- Quando bevo, mi diverto.

- Dopo una giornata stressante, è il mio modo per rilassarmi e distendermi.

Benefici del non bere

- È probabile che le mie amicizie migliorino.

- Mentalmente e fisicamente, dovrei sentirmi meglio.

- Per le persone e le cose a cui tengo, avrei più tempo ed energia.

Costi del bere

- Ha causato i miei problemi di relazione.

- Sono triste, nervoso e sorpreso.

- Le mie prestazioni lavorative e gli obblighi familiari sono stati incasinati.

Costi per non bere

- Avrei bisogno di trovare un modo diverso per gestire i problemi.

- Mi mancherebbero i miei amici a bere.

- Dovrei affrontare le responsabilità che non conoscevo.

Stabilisci obiettivi e cambia strategie. La prossima mossa è quella di fissare obiettivi chiari bere una volta che la decisione di cambiare è stata fatta.

Più precisi sono i requisiti, più facile e realistico è, meglio è.

Trattamento residenziale

Dopo tre anni, ho ridotto più di tre drink al giorno, tre birre al fine settimana. Vorresti smettere di bere o ridurre i tagli? Se la tua intenzione è quella di ridurre il consumo di alcol, determina i giorni in cui berrai alcolici e quanti drink consumerai ogni giorno. Considera di mangiare almeno due volte a settimana se non hai intenzione di mangiare affatto.

Quando vorresti smettere di bere o bere di meno domani? Circa il tempo di una settimana? Il prossimo mese? Mancano sei mesi? Imposta una data specifica per smettere di bere se stai cercando di smettere di bere.

Raggiungi i tuoi obiettivi

Annota i suggerimenti su come aiutarti a raggiungere questi obiettivi dopo aver impostato i tuoi obiettivi per smettere o ridurre il tuo consumo di alcol. Ad esempio, ad esempio:

Sbarazzati delle tentazioni

Rimuovi da casa e dall'ufficio tutti gli alcolici, i bicchieri e altri accessori correlati all'alcol.

Annuncia il tuo obiettivo

Fai sapere ad amici, familiari e colleghi che stai cercando di smettere di bere o di smettere di bere. Quando bevono, ricorda loro di non farlo davanti a te per aiutare la tua guarigione.

Rimani aggiornato sui tuoi nuovi limiti. Metti in chiaro che non ti sarà permesso di bere a casa e che potresti non essere in grado di partecipare alle attività di servizio di alcolici.

Evita cattive influenze

Distanza da persone che non supportano i tuoi sforzi per smettere di bere o per seguire i confini che hai stabilito. Ciò potrebbe significare rinunciare a qualsiasi amico e legame sociale.

Impara dal passato

Concentrati sui precedenti tentativi di smettere di bere o coltivarlo. Cosa stava succedendo? Cosa non era quello? Cosa puoi fare per evitare errori questa volta in modo diverso?

Tagliare contro smettere di alcol

Se ridurrai o meno con successo il tuo problema con il bere dipende dall'entità del tuo problema con l'alcol. Se sei un alcolista, per definizione, non sei in grado di regolare il tuo bere, ed è meglio cercare di smettere del tutto di fumare. Se non sei pronto a fare il passo e se non hai un problema di dipendenza da alcol ma vuoi ridurlo al minimo per motivi privati o etici, i seguenti suggerimenti possono aiutarti:

Imposta il tuo obiettivo di bere

Scegliere un limite su quanto si sta andando a bere, ma fare in modo che il vostro obiettivo non è più di un bicchiere al giorno se sei una donna, due bicchieri al giorno se sei un maschio, e se sì sei un ragazzo, vuoi un paio di giorni alla settimana. Annota il tuo obiettivo e tienilo dove lo vedi spesso, come sul telefono o nel frigorifero. Per aiutarti a raggiungere il tuo obiettivo, tieni traccia della tua bevanda. Annotato per tre o quattro mesi ogni volta che bevi e cosa bevi. Potresti rimanere scioccato quando parli dei risultati delle tue abitudini regolari.

Riduci il consumo di alcol a casa

Cerca di limitare o rimuovere l'alcol in casa. Se non tieni le tentazioni, è molto più facile evitare di bere.

Bevi più lentamente. Bevi lentamente e fai una pausa di 30 minuti o un'ora tra le bevande. E consumare bevande alcoliche di soda, vino e tè. Bere a pancia vuota non è mai una buona idea, quindi prima di bere assicurati di mangiare del cibo.

Pianifica uno o due giorni settimanali senza alcol

Quindi prova a smettere di bere una settimana. Prendi nota di come ti senti in questi giorni, riconoscere fisicamente e mentalmente le ricompense ti aiuterà a ridurre per sempre.

Opzioni di trattamento della dipendenza da alcol

Molte persone possono smettere di bere da sole o con l'aiuto di un programma in 12 fasi o di un altro gruppo di sostegno, mentre altre possono richiedere la supervisione medica per disintossicarsi in modo sicuro e confortevole dal farmaco. Qual è l'opzione migliore per te dipende da quanto hai bevuto, da quanto tempo hai avuto un problema, dalla stabilità della tua situazione di vita e da altri problemi di salute che potresti avere?

Trattamento residenziale

Comporta il soggiorno in una struttura di trattamento durante la riabilitazione diurna completa. Questo normalmente richiede 30-90 giorni per il trattamento residenziale.

Ricovero parziale

È per le persone che richiedono una supervisione medica continua ma che vivono in una situazione stabile. Generalmente, questi programmi di trattamento operano 3-5 giorni alla settimana presso la struttura, 4-6 ore al giorno.

Programmi ambulatoriali intensivi (IOP)

Concentrati sulla prevenzione delle ricadute e spesso possono essere organizzati intorno al posto di lavoro o all'università.

Terapia (individuale, di gruppo o familiare)

Aiutarti a identificare le cause alla base del consumo di alcol, riparare le amicizie e imparare a gestire abilità sane.

5.2 Trovare il miglior trattamento

Nessun proiettile magico o singolo trattamento funziona per tutti. Le esigenze di ognuno sono diverse, quindi è fondamentale trovare un programma adatto a te. Qualsiasi programma di trattamento per la dipendenza da alcol dovrebbe essere adattato ai tuoi problemi e circostanze particolari.

Non è opportuno limitare l'assistenza a medici e psicologi. Alcuni preti, assistenti sociali e psicologi forniscono anche servizi per il trattamento delle dipendenze.

Il trattamento dovrebbe andare oltre anche l'abuso di alcol. La dipendenza ha un impatto su tutta la tua vita, comprese le amicizie, l'occupazione, l'istruzione e il benessere.

L'efficacia nel recupero si basa sulla comprensione di come l'abuso di alcol ti ha influenzato e sullo sviluppo di un nuovo stile di vita.

L'impegno e il follow-up sono importanti. Il recupero dalla dipendenza da alcol o dal bere pesante non è un processo facile e veloce. In generale, più intensamente usi l'alcol, più a lungo e più intenso avrai bisogno del farmaco. Tuttavia, indipendentemente dalla durata di settimane o mesi del programma di trattamento, l'assistenza di follow-up a lungo termine è vitale per la tua guarigione.

Fornire cure per altri problemi di salute fisica o mentale. Gli individui spesso usano l'alcol per alleviare i sintomi di una condizione di salute mentale non diagnosticata, come la depressione o l'ansia.

È anche necessario prendersi cura di qualsiasi altro problema psicologico che si verifica quando si cerca aiuto per la dipendenza da alcol. La tua migliore possibilità di recupero è avere lo stesso fornitore di cure o gruppo che incorpori la salute mentale e il trattamento della dipendenza.

Ritiro sicuro dall'alcol

Il corpo dipende fisicamente dall'alcol se si beve molto e frequentemente e si ritira se si smette di bere improvvisamente. I sintomi dell'astinenza da alcol variano da lievi a gravi e includono: P 6 Emicrania tremante, nausea o vomito Crampi allo stomaco e diarrea I sintomi di astinenza da alcol di solito si manifestano entro poche ore dalla sospensione. Tuttavia l'astinenza non è dolorosa solo in alcuni alcolisti. Può essere pericoloso per la vita. Potresti aver bisogno di una disintossicazione sotto controllo medico se sei un forte bevitore a lungo termine.

Una disintossicazione può essere effettuata ambulatorialmente o in un ospedale o in un centro di trattamento di alcol dove possono essere somministrati farmaci per evitare complicazioni mediche e alleviare i sintomi di astinenza. Parla con il tuo medico o specialista per maggiori dettagli.

Quando si manifesta uno dei seguenti segni di astinenza, rivolgersi al medico di emergenza: nausea intensa, confusione e disorientamento febbre allucinazioni episodi estremi di agitazione o convulsioni p 7 Le indicazioni di cui sopra possono essere un segno di una forma grave di astinenza da alcol chiamata delirium tremens o DT. Questa insolita condizione di emergenza causa pericolosi cambiamenti nel modo in cui il cervello controlla la circolazione e la respirazione, quindi è fondamentale arrivare immediatamente in ospedale.

Ottieni supporto

Sia che tu scelga di affrontare la dipendenza da alcol attraverso la riabilitazione, la terapia o un approccio auto-diretto al trattamento, il supporto è essenziale. Cerca di non farlo da solo.

Quando hai amici, su cui puoi contare per ricevere sostegno, conforto e guida, è molto più facile guarire dall'abuso di droghe o dalla violenza.

Il sostegno può provenire da familiari, amici, consulenti, altri alcolisti che guariscono, dai tuoi operatori sanitari e da persone della tua comunità di fede.

Affidati a familiari e amici intimi. È una risorsa inestimabile nella riabilitazione avere il sostegno di amici e familiari. Se esiti a rivolgerti ai tuoi cari perché li hai già delusi, valuta la possibilità di rivolgerti a una terapia di coppia o familiare.

Creare un social network sobria Si potrebbe essere necessario fare alcune nuove connessioni se la vostra precedente vita sociale ruotava intorno alcol. Avere amici sobri che sosterranno la tua guarigione è importante. Prova a seguire un corso, unisciti a una chiesa o un gruppo di cittadini, fai volontariato o partecipa a eventi della comunità.

Considera le riunioni una priorità, entra a far parte di un gruppo di supporto per la riabilitazione e partecipa regolarmente alle riunioni.

Può essere molto utile trascorrere del tempo con persone che capiscono esattamente cosa stai passando. Puoi anche imparare dalle esperienze comuni dei membri del team per imparare ciò che è già stato appreso per rimanere pulito.

Trova un nuovo significato nella vita

È solo l'inizio del tuo recupero dall'alcol o dal bere pesante, mentre diventare sobrio è un primo passo importante. La riabilitazione o l'assistenza clinica ti porteranno sulla strada del recupero, ma dovrai costruire una nuova vita significativa dove non c'è posto dove bere per rimanere senza alcol a lungo termine.

Cinque passi per uno stile di vita sobrio

Presta attenzione a te stesso. Mangia bene i cibi grassi e riposati più che a sufficienza per prevenire cambiamenti di umore e fame. Anche l'esercizio è essenziale: rilascia endorfine, allevia lo stress e favorisce il benessere emotivo.

Costruisci la tua rete di supporti. Circondati di influenze positive e di individui che ti fanno sentire bene con te stesso. Più investi negli altri e nella tua comunità, più perdi, il che ti aiuterà a rimanere motivato e sulla strada del recupero.

Sviluppa nuovi interessi e attività. Trova nuovi interessi, sport o lavoro di volontariato, che ti daranno un senso di significato e scopo. Se fai cose che trovi divertenti e bevute, ti sentirai molto meglio per te stesso.

Ottenere il recupero Se fai parte di un gruppo di sostegno come Alcolisti Anonimi, hai uno sponsor o sei interessato alla consulenza o a un programma di trattamento per l'alcol, le possibilità di rimanere sobrio migliorano.

Discuti la pressione in modo sano. L'abuso di alcol è un tentativo sbagliato di affrontare la pressione. Trova modi sicuri per tenere sotto controllo il livello di stress, come la respirazione profonda, la meditazione o altri esercizi di respirazione.

Pianifica i fattori scatenanti e le voglie

Le voglie di alcol possono essere intense, specialmente durante i primi sei anni dopo aver iniziato a bere. Una buona terapia alcolica ti prepara a tali sfide e ti aiuta a creare nuovi meccanismi di coping per far fronte a condizioni di stress, voglie di alcolici e pressione da alcolismo.

Evitare i fattori scatenanti del bere

Smetti di fare le cose che ti fanno venire voglia di bere. Se alcuni uomini, luoghi o comportamenti causano una dipendenza da alcol, cerca di evitarli. Questo può significare grandi cambiamenti nella tua vita sociale, come trovare nuove cose da fare per i tuoi vecchi amici d'infanzia o lasciare quelle persone e trovarne una buona.

In tutti i contesti sociali, impara a dire "no" agli alcolici. Non di quanto alcol stai cercando di evitare, probabilmente ti verrà offerto da bere a volte. Preparare in anticipo per
come si reagisce, con una ditta, ma rispettoso, "No, grazie."

Gestire le voglie di alcol

Se hai a che fare con il desiderio di alcol, considera queste strategie: Parla con qualcuno di cui ti fidi: il tuo mentore, un familiare o un amico che ti sostenga, o qualcuno della tua comunità di fede.

Distraiti finché il desiderio non è finito. Fai una passeggiata, ascolta musica, fai le pulizie di casa, fai una commissione o fai un lavoro veloce.

Considera le tue scuse per non bere. C'è la tendenza a considerare gli effetti positivi del bere quando si desidera alcolici e dimenticare quelli negativi. Ricorda gli effetti negativi a lungo termine del bere pesante e come non ti fa sentire meglio, anche a breve termine.

Considera la tentazione e supera la tentazione, piuttosto che combatterla. Questo è noto come "urge surfing". Pensa al tuo appetito come a un'onda oceanica che presto raggiungerà il picco, si spezzerà e si dissolverà.

Se superi l'impulso, senza tentare di combatterlo, giudicarlo o ignorarlo, vedrai che si muove più velocemente di quanto ti aspetteresti.

I tre passaggi fondamentali del surf urgente

Valuta come senti il desiderio. Siediti su una comoda sedia sul pavimento con i piedi piatti e una postura rilassata con le braccia, fai alcuni respiri profondi e concentrati sull'interno. Passeggia nel tuo corpo con la tua attenzione. Ricorda la parte del tuo corpo in cui si avverte il desiderio e come sono le sensazioni. Dì a te stesso come ci si sente. "Il mio desiderio è nella bocca, nel naso e nello stomaco, per esempio."

Concentrati su un'area in cui senti il bisogno. Come appaiono le emozioni in questo campo? Forse ti senti caldo, freddo, formicolio o intorpidito, per esempio? I tuoi muscoli sono rilassati o tesi? Quanto è grande una regione coinvolta? Descrivi i sentimenti e gli eventuali cambiamenti che potrebbero verificarsi. "Mi sento secca e arida in bocca. Nelle mie labbra e nella lingua, c'è pressione. Sto solo bevendo. Posso immaginare l'odore e il formicolio di un drink mentre espiro.

Ripeti il desiderio su ogni parte del tuo corpo. Quali cambiamenti stanno avvenendo nelle sensazioni? Nota come l'impulso va e viene. Avrete probabilmente notato che il desiderio è scomparso dopo pochi minuti. Urge surf non ha lo scopo di far svanire le voglie, ma di sentirle in un modo nuovo. Tuttavia, puoi imparare come superare le tue voglie con l'allenamento, pag.10 prima che inevitabilmente svaniscano.

5.3 Gestire le battute d'arresto nel recupero

La tossicodipendenza è un metodo che spesso include battute d'arresto. Non arrendersi quando si cade o si ricade. Una ricaduta nel bere non significa che sei un perdente o che non sarai in grado di raggiungere il tuo obiettivo. -la ricaduta dal bere è un'opportunità per imparare e impegnarsi a mantenere la sobrietà, quindi in futuro avrai meno probabilità di ricadere.

Se cadi, cosa fare: sbarazzarti dell'alcol e allontanarti dalla pausa Nota che un drink o una breve interruzione non devono trasformarsi in una ricaduta vera e propria Non lasciare che i tuoi sensi di colpa o di vergogna ti scoraggino dal rimettersi in carreggiata Chiama il tuo terapista, consulente o un amico che ti sostiene per chiedere aiuto

Come aiutare qualcuno a smettere di bere

Come aiutare qualcuno a evitare l'abuso di alcol e le dipendenze Può essere straziante quanto frustrante vedere un membro della famiglia soffrire di problemi con l'alcol. Ma mentre non sei in grado di fare il duro lavoro di superare la dipendenza della persona amata. Durante la loro riabilitazione a lungo termine, il tuo amore e il tuo sostegno giocheranno un ruolo cruciale.

Parla del tuo bere al ragazzo. Condividi i tuoi pensieri in modo compassionevole e cerca il sostegno del tuo amico o familiare. Cerca di rimanere imparziale senza discutere, leggere, incolpare o attaccare.

Impara a conoscere la dipendenza il più possibile. Studia i tipi di trattamento disponibili e parla con il tuo amico o familiare di queste scelte.

Agire. Considera l'idea di organizzare una riunione di famiglia o un intervento, ma non metterti in una posizione di rischio. Offri il tuo aiuto in ogni fase del percorso verso il recupero.

Non scusarti per le azioni della persona amata. La persona con il problema del bere deve assumersi la responsabilità delle proprie azioni. Per proteggere qualcuno dagli effetti del bere, non mentire o coprire le cose.

Non essere responsabile per te stesso. Non sei responsabile per il problema con l'alcol della persona amata e non puoi migliorarlo.

Presta attenzione a te stesso. Da solo, non devi affrontarlo. Passa a colleghi fidati, a un gruppo di supporto o per aiutarti a trattare con il tuo consulente. Anche non ignorare le proprie esigenze è significativo. Concediti del tempo per rilassarti e fare le cose che ti piacciono.

5.4 Come smettere di bere

Impegnati

(AA) Anonymous Alcoolica è un gruppo internazionale di mutuo sostegno progettato per consentire ai suoi membri di rimanere sobri e per aiutare altri alcolisti a raggiungere la sobrietà.

Per smettere di bere senza AA, devi impegnarti seriamente con te stesso e con coloro che ti circondano per cambiare le tue abitudini di consumo. La maggior parte delle persone che hanno problemi di alcol negano quanto bevono e quanto influiscano sulla loro vita. Anche coloro che comprendono le conseguenze del bere tendono ancora a trascinare i piedi e trovare scuse invece di iniziare il ciclo del bere. Devi uscire da questa mentalità e impegnarti fermamente per avviare il processo, e dovresti renderlo pubblico. Fai un elenco dei costi e dei benefici del bere, oltre a quelli che raccoglierai se non bevi. Alla fine, fai sapere alla tua famiglia e ai tuoi amici che hai deciso di limitare o evitare il consumo di alcol, in modo che possano sostenerti dandoti rinforzi positivi e riducendo la tua esposizione all'alcol e ad altre cause quando siete insieme.

Stabilisci obiettivi realistici

Una volta che hai deciso di smettere di bere, è il momento di fissare il tuo obiettivo. Molte persone possono scegliere di smettere del tutto di bere, mentre altre possono scegliere di diminuire la quantità che bevono o il numero di volte che bevono. Stabilisci obiettivi realistici in modo da avere le migliori possibilità di successo per te stesso. Segui la leadership delle aziende americane selezionando obiettivi SMART specifici, misurabili, concordati, realistici e basati sul tempo. Se decidi di smettere del tutto di bere, fissa la data in cui prevedi di iniziare ea che punto pensi che il tuo obiettivo sarà raggiunto. Se vuoi solo bere di meno, imposta un piano specifico per affrontarlo. Puoi decidere che il tuo obiettivo in un dato giorno non è quello di bere più di due drink, oppure puoi decidere di smettere di bere solo nei giorni feriali. Qualunque cosa tu voglia fare, fai sapere ai tuoi amici e ai tuoi cari che il tuo piano è, in modo da avere la migliore opportunità per avere successo.

Evita tutte le tentazioni

Se accetti di non uscire mai di casa, alla fine verrai messo in condizioni di servizio di alcolici. Tentare di mantenere il proprio impegno in queste circostanze può essere difficile, soprattutto per coloro che si sono impegnati a smettere di bere senza riabilitazione o aiuto da AA. Limita o interrompi le situazioni in cui potresti essere tentato di indulgere in bevande alcoliche, almeno nelle prime fasi di essere all'altezza del tuo obiettivo e tentando di migliorare le tue abitudini di consumo. Invece di entrare nel circuito dei club con gli amici per un happy hour, organizza una serata al cinema o organizza la cena di un amico in cui puoi controllare cosa viene servito e quanto. Non socializzare con amici e familiari che bevono troppo alcol, poiché questo ti metterà sulla pista della tentazione. Se stai solo cercando di ridurre il consumo di alcol, limita il tempo che trascorri nelle funzioni o nei luoghi di servizio di alcolici.

Impara a far fronte alle voglie

Molto certamente, mentre si va attraverso il processo per evitare o ridurre l'assunzione di alcol, si dovrà imparare a far fronte alle voglie e alle tentazioni. Potresti semplicemente volere una birra e forse non sai nemmeno perché sta succedendo. Devi imparare ad affrontare queste voglie interiori e resistere alle tentazioni. Inizia ricordando perché hai scelto di apportare un cambiamento e quanto lontano sei già arrivato. Trova qualcuno di cui ti fidi, che tu sia un amico, un dottore o un membro della tua famiglia, e parlagli attraverso i sentimenti. Impara a distrarti prendendo parte ad alternative salutari come andare in palestra, meditare, praticare sport o semplicemente camminare.

Comprendi i fatti sulla dipendenza da alcol

Sebbene sia prontamente disponibile nella maggior parte delle situazioni, l'alcol è una delle sostanze più pericolose quando non viene utilizzato correttamente. Poiché avere troppo alcol altera in modo significativo il giudizio, le persone che hanno bevuto troppo sono spesso coinvolte in attività spericolate come il sesso non protetto, la violenza, la guida in stato di ebbrezza e altri comportamenti che mettono in pericolo se stessi o gli altri. Sfortunatamente, molte persone non conoscono i fatti della dipendenza da alcol e non si rendono conto che l'abuso di alcol porta a problemi a lungo termine se continua per un po'. Condizioni gravi come cancro alla gola e al fegato, malattie del fegato, demenza e malattie cardiovascolari sono le conseguenze dell'abuso di alcol. Leggi le informazioni sulla dipendenza da alcol il più possibile per assicurarti di essere adeguatamente preparato per il processo di disintossicazione da alcol. Per smettere di bere con successo, la prima cosa che devi fare è ammettere di avere un problema che potrebbe avere delle gravi conseguenze.

Verificare con il proprio medico

Prima di iniziare il processo di disintossicazione dall'alcol, fissa un appuntamento con il tuo medico di base per rivedere i suggerimenti per smettere di bere e se stai abbastanza bene da smettere di bere. In alcuni casi, si consiglia alle persone con problemi di salute di aspettare fino a quando è meglio smettere di bere. In genere, la disintossicazione dall'alcol causa solo sintomi fastidiosi, ma in rare circostanze alcuni di questi sintomi possono essere pericolosi. Se sei abbastanza in salute da smettere di bere, il tuo medico può dirtelo. Non è consigliabile smettere di bere a casa senza l'approvazione del medico di base.

Chiedi al tuo medico informazioni sui medicinali

Alcuni farmaci faranno la differenza nel tuo percorso di guarigione promuovendo il ciclo di disintossicazione dall'alcol. Un farmaco disintossicante da alcol è il disulfiram, che ti costringe a smettere di bere quando consumi alcol provocando reazioni fisiche spiacevoli. Un farmaco per disintossicare l'alcol è l'acamprosato, un farmaco che aiuta a disintossicare l'alcol aumentando i sintomi di astinenza e rendendo il processo di disintossicazione il più confortevole possibile. Se nessuno di questi farmaci alcol disintossicazione suono come avrebbero aiutare a smettere di bere, in considerazione di chiedere il vostro medico di naltrexone, che blocca semplicemente la capacità del cervello di godere gli alti che possono derivare dal consumo di alcol. Parla con il tuo medico della dipendenza da alcol e vedi se questi farmaci ti aiutano a smettere di bere.

Unisciti a un gruppo di supporto

Unirsi a un gruppo di supporto nella tua comunità è un ottimo modo per costruire relazioni con altri che sanno esattamente cosa stai facendo. Uno dei motivi per cui smettere di bere è difficile è che il bere è un'attività sociale. Quando sei circondato da uomini che bevono, può essere difficile resistere alla tentazione di entrarvi. Se vieni rimosso da una squadra, farai nuovi amici che non ti faranno pressioni per compromettere il tuo obiettivo in modo sobrio. Esso non significa che devi smettere di lavorare con i tuoi vecchi amici, ma permette di rendersi conto che una volta che si smette di bere, si hanno altre scelte sociali. Tuttavia, se non riescono a capire perché vuoi smettere di bere, potresti non avere altra scelta che prendere le distanze da alcuni dei tuoi vecchi amici. Se le persone decidono di smettere di bere in alcune situazioni, i loro coetanei pensano che i loro amici appena sobri pensano di essere migliori di tutti gli altri. Porta alla rabbia e alla volontà di rompere la promessa di smettere di bere.

Iscriviti a un programma in 12 fasi

I programmi strutturati in 12 fasi sono strumenti di ripristino molto utili. Offrono anche una vasta gamma di fatti sulla dipendenza da alcol. Per alcuni che hanno avuto a che fare con la dipendenza da alcol, i programmi in 12 fasi sono stati le uniche cose che li hanno aiutati a smettere di bere. Un'organizzazione classica che utilizza un programma in 12 fasi è Alcolisti Anonimi, un'associazione in forma di gruppo di sostegno che ha un programma in quasi tutte le comunità. I programmi a 12 fasi sono una serie di linee guida specifiche o principi spirituali che delineano i piani di recupero per le persone dipendenti, indipendentemente da quale potrebbe essere la dipendenza. Nei gruppi di supporto regolari, tuttavia, la maggior parte dei programmi in 12 fasi si basa su un certo grado di anonimato per garantire che nessuno ritenga che l'apertura agli altri partecipanti non sarebbe sicura. Se stai cercando di trovare un modo per incontrare nuove persone, assicurati di visitare anche un gruppo di supporto regolare.

Soggiorna in un centro disintossicante di alcol

Sebbene vivere in un centro di disintossicazione sia poco pratico o difficile per molte persone, le strutture di disintossicazione fanno la differenza per i pazienti a visita libera. Anche se hai una ricetta come l'acamprosato, evitare di bere a casa può essere doloroso. Tuttavia, in un centro di disintossicazione hai accesso a una varietà di farmaci efficaci che allevieranno i sintomi e faciliteranno smettere di bere. I dipendenti dei centri di disintossicazione di qualità sono compassionevoli, professionali e abituati ad affrontare anche i peggiori sintomi di astinenza quando smettono di bere per la prima volta. Poiché smettere di bere è potenzialmente pericoloso se il tuo corpo dipende dall'alcol, uno dei modi migliori per disintossicarti è passare attraverso la fase di disintossicazione sotto la guida di professionisti medici qualificati. Peggio ancora, non hai la possibilità di rilassarti nel bel mezzo del ciclo di disintossicazione quando vai in un centro di disintossicazione. Dovresti essere certo che se vai in un centro di disintossicazione, tornerai sobriamente. Il rifugio a Ocklawaha, in Florida, è un esempio di un rispettabile centro di disintossicazione. The Refuge è un centro di guarigione basato sul programma in 12 fasi per persone che soffrono di qualsiasi tipo di trauma, tra cui PTSD, abuso sessuale, abuso fisico che può portare a dipendenze da sostanze.

Dillo a tutti

Fai sapere a tutti cosa stai facendo dal tuo coniuge ai tuoi figli al tuo capo. Più persone conosci, più persone aiuterai. A proposito, non puoi essere fucilato per alcolismo. Potrebbe essere necessario essere temporaneamente riassegnato se ti trovi in un lavoro ad alto rischio fino a quando non puoi dimostrare la tua sobrietà, ma sei legalmente protetto. Gli alcolisti nella tua vita sono gli unici che vedranno, lasciare l'alcol come una cosa negativa. Sono solo troppo spaventati o fragili per fare quello che stai facendo.

Trova nuove cose da fare

Se la tua vita è stata per l'alcol, avrai bisogno di cose nuove. Cerca di andare a una pista da bowling o al campo pratica se ti sedevi in un pub. Scambia tempo per una passeggiata nel parco su uno sgabello da bar. Se tutti gli ubriachi seduti accanto a te sono tuoi amici, prova a prendere un cucciolo. Un po' 'di amore sbavante incondizionato farà molta strada. Se sei tentato in questo momento, devi andare e trovare qualcosa che puoi fare che non coinvolga l'alcol. Può essere semplice come andare in biblioteca o al parco. NON tornare al tuo bar e pensare che potresti farla franca. Andrà tutto bene. Non starai bene. Tenere lontano. I posti in cui hai bevuto sono sempre off-limits. Se bevessi a casa, la tua casa non avrebbe alcol, punto. Non per feste, non per la ragazza, non per capodanno. Se hanno bisogno di un drink dal tuo amico, dovrebbero uscire di casa.

Trova un buon sfogo per lo stress

Molti bevitori, e gli alcolisti, in particolare, hanno meccanismi di coping scadenti e si rivolgono all'alcol in periodi difficili o stressanti.

"È necessario stabilire meccanismi di coping sani per aiutare i tossicodipendenti a decomprimersi", afferma Lena Smith, consulente matrimoniale e familiare. "Molte persone trovano che il rilassamento, la natura o l'esercizio di qualche tipo aiutano a far fronte allo stress quando si astengono dall'alcol". Secondo il Passages Addiction Treatment Center di Malibu, in California, le opzioni di trattamento alternative includono digitopressione, massaggi, agopuntura, arte terapia, potenza, terapia del suono, tai chi e yoga.

Concentrati sui vantaggi

Concentrarsi sui benefici immediati per la salute ti consentirà di astenersi dall'astinenza dall'alcol per il tempo previsto. Tieni traccia della tua perdita di peso e usa la tua maggiore energia per fare esercizio.

Arruola amici, familiari o professionisti per aiutarti

Il supporto del tuo social network ti aiuterà ad astenervi. Rivolgiti a uno psicologo o a un centro di riabilitazione se sospetti di avere una dipendenza. Usa una bevanda festiva senza alcol, come una bomba alla ciliegia, Shirley Temple o Virgin Margarita, se stai partecipando a una festa o a un evento.

5.5 Alcolismo vs centri di disintossicazione

Riabilitazione da droga e alcol

Per alcune persone alle prese con la dipendenza da alcol, il trattamento alcolico su prescrizione è adeguato per condurli alla riabilitazione. Per altri, i centri di disintossicazione, a lungo termine, sono più facili, più sicuri e più efficaci. Nel dibattito tra farmaci e centro di disintossicazione, non c'è un vincitore chiaro, ma questo libro ti aiuterà a decidere in base alle tue esigenze l'opzione migliore.

Farmaci

È disponibile una varietà di farmaci autorizzati per aiutare a combattere la dipendenza e l'abuso di alcol. Tuttavia, i pazienti che consumano ancora alcol non intendono utilizzare alcun farmaco. Solo se al momento sei sobrio e intendi mantenere l'astinenza dall'alcol puoi ricevere una ricetta? Se non puoi astenerti dall'alcol da solo, è possibile che tu abbia bisogno di un centro di riabilitazione dove puoi recuperare sotto osservazione prima di ricevere una prescrizione di alcol. Tieni presente che ogni farmaco presenta possibili effetti collaterali, quindi leggi attentamente le seguenti recensioni di ciascun farmaco. Se il tuo medico pensa che tu sia troppo rischioso con un particolare farmaco, dovrai provare un'altra opzione.

Disulfiram

Il disulfiram, noto anche in alcuni paesi come Antabuse e Antabuse, è stato il primo farmaco approvato per l'alcol. Prima di assumere questo farmaco, è necessario astenersi dall'alcol per almeno 12 ore. I pazienti che usano disulfiram, quando consumano alcol, soffrono di gravi reazioni fisiche. Queste reazioni sono molto spiacevoli e vanno da nausea e vomito a confusione mentale e difficoltà respiratorie. Di solito, le reazioni iniziano subito dopo il consumo di alcol e durano per almeno un'ora. Mentre il disulfiram è utile nel trattamento dell'alcolismo rispetto a una cura, creando un'associazione negativa, questo farmaco disintossicante scoraggia il bere. Tieni presente che in rari casi il disulfiram può causare una funzionalità epatica anormale, che è particolarmente pericolosa nei pazienti la cui funzionalità epatica è già stata compromessa dall'alcolismo.

Naltrexone

Il naltrexone, un farmaco per il trattamento, spesso noto come Depade, Revia o Vivitrol, non causa effetti collaterali spiacevoli come il disulfiram. Piuttosto, questo farmaco agisce bloccando la capacità di provare le emozioni di dipendenza causate da alcol o droghe oppiacee. Il naltrexone deve essere assunto dopo essersi astenuti dall'alcol per un periodo di tempo, come il disulfiram. Sebbene alcune persone preferiscano il naltrexone al disulfiram perché il disulfiram è così doloroso, cosa può rendere la medicina così efficace è il dolore? Normalmente questo farmaco non è attivo quanto il bere preventivo. Tuttavia, se il tuo scopo principale nel bere è sentire l'effetto narcotico associato al consumo di grandi quantità di alcol, è una cosa utile.

Acamprosate

L'acamprosato è un farmaco relativamente nuovo per il trattamento dell'alcol. Questo farmaco disintossicante, a differenza del naltrexone e del disulfiram, non ti aiuta a rinunciare all'alcol punendoti per aver bevuto o impedendoti di sperimentare i piacevoli effetti del bere. In alternativa, aumentando il dolore associato al processo di disintossicazione, l'acamprosato funge da vero farmaco disintossicante. Sebbene questa sia certamente una cosa positiva, alcuni pazienti preferiscono il disulfiram e il naltrexone, poiché questi farmaci rendono il bere meno divertente, mentre l'acamprosato semplicemente rende meno scomoda la disintossicazione. Tuttavia, se la ragione principale per bere è prevenire gli effetti di astinenza, questa disintossicazione può fare una differenza significativa nel tuo percorso di recupero.

Farmaco disintossicante

Naturalmente, i centri di disintossicazione consigliano anche una serie di farmaci che facilitano il processo di disintossicazione. A causa dei fastidiosi sintomi associati al passaggio a uno stile di vita sobrio, i centri di disintossicazione possono essere più utili di qualsiasi farmaco prescritto se hai problemi con la tua dipendenza dall'alcol. La disintossicazione è spesso così dolorosa e scomoda anche con l'aiuto di farmaci come l'acamprosato che molti pazienti bevono di nuovo solo per alleviare i loro sintomi. Fortunatamente, a causa della mancanza di controllo medico, i centri di disintossicazione possono prescrivere medicinali speciali che non potresti usare a casa. Ci sono altri modi in cui il personale dei centri di disintossicazione può aiutarti a mantenerti a tuo agio se un farmaco non funziona. La scelta tra farmaci prescritti e farmaci del centro di disintossicazione è meglio se sai che i farmaci sono spesso più efficaci nei centri di disintossicazione.

Perché un centro disintossicante

In quasi tutti i casi, i centri di disintossicazione offrono le migliori opportunità per riprendersi dalla dipendenza da alcol. Soggiornare in un centro di disintossicazione, tuttavia, non è l'opzione pratica per tutti. Se hai bambini, uscire di casa per un lungo periodo di tempo può essere difficile. Puoi trovare difficile convincerli ad andare in un centro di disintossicazione, anche se hai una nota del tuo medico, a seconda del tuo posto di lavoro e dei tuoi rapporti con i tuoi supervisori. Fortunatamente, i sintomi più gravi di astinenza di solito scompaiono dopo pochi giorni e se non sei in grado di rimanere in un centro di disintossicazione fino a quando non ti sei completamente ripreso, potresti essere in grado di rimanere nella prima fase del processo di recupero e utilizzare una prescrizione trattamento con alcol quando torni a casa.

Perché i centri di disintossicazione funzionano

I centri terapeutici sono così efficaci perché forniscono spiacevoli effetti collaterali per i pazienti con sospensione del farmaco e un ambiente favorevole. I membri del personale del centro di recupero sono usati per trattare i sintomi di astinenza e faranno del loro meglio per garantire che i sintomi siano ridotti con i farmaci. L'aspetto più positivo di un centro disintossicante di successo, tuttavia, è che tornerai a casa sobriamente senza alcuna speranza di rilassarti durante il processo di disintossicazione, una possibilità concreta quando ti affidi a un farmaco disintossicante domestico.

Capitolo 6: Suggerimenti che possono cambiare la tua vita

Rompere le catene della dipendenza dall'alcol è spesso una delle cose più difficili che una persona possa fare. Ma molti di noi non solo sapevano quanto sia difficile la sobrietà a lungo termine, ma quanto possa essere difficile fare quei primi passi nella tua nuova vita.

6.1 Se vuoi smettere di bere, questi sono 100+ suggerimenti

• Provalo per 30 giorni e guarda come ti senti in quel momento e dove ti trovi. Lo avrei fatto molto prima se avessi saputo quanto la mia vita sarebbe cambiata in meglio rinunciando all'alcol.

• Qual è la cosa peggiore se ci provi? Qual è la cosa peggiore se non ci provi?

• Ti renderai presto conto di non rinunciare a nulla, ma otterrai tutto ciò che potresti mai immaginare. La sobrietà non è una perdita, ma energia.

• Non aver paura di impedirti di provare qualcosa di nuovo.

• Andiamo, va tutto bene, ragazzi! (Sto scherzando, direi solo: cosa dovresti perdere provandoci?) Dico loro che se mai vogliono andare lì, l'alcol non va da nessuna parte. Oppure, se smettono, non succederà nulla di brutto, ma se non lo fanno, potrebbe accadere qualcosa di brutto.

• Fallo, più a lungo aspetti, più complicato sarà. Il più duro è sta per essere quello di scoprire se stessi e più difficile sarà affrontare lo specchio. 64 giorni da contare!

• Lo baserò sulla mia prospettiva, che è questa: ho pensato di smettere dieci anni prima di farlo finalmente a causa della paura REALE, ma non vera. Ogni grande cambiamento è spaventoso, ed è un grande cambiamento!

• Dagli sette giorni e sii presente. Se è l'inferno, potresti svegliarti fino a che punto sei dipendente da esso. Se si può fare fino a 14 giorni, potrai iniziare spostando ad un livello cellulare e, si spera di iniziare ad apprezzare l'intuizione fresca e il potere che hai.

• L'unica cosa che ti manca è la sbornia di domani!

• Ti renderai presto conto che non rinunci a tutto, ma otterrai tutto ciò che hai sempre sognato. La sobrietà è energia piuttosto che fallimento.

• Ti consiglierei di ascoltare la voce gentile nel tuo cervello, di coltivarla finché non è chiara come una campana. Effettua regolarmente il check-in con mente, corpo e anima. E ascolta e leggi A New Planet di Elkhart Tole.

• C'è così tanta fiducia che ti aspetta e oltre i tuoi sogni più sfrenati. La vita è stata una corsa così divertente, piena di avventura, e ti garantisco che se non avessi smesso di bere, non sarebbe mai successo.

• Un giorno, provalo. Come potrebbe far male? E poi il giorno dopo e il giorno dopo. Bere ti rende felice?

• Mia cara, ce la puoi fare.

• Negli otto mesi sono stato sobrio, e penso che ciò che si riduce a me è che ora posso vedere quanto mi è costato l'alcol in così tante parti della mia vita. L'alcol ci prende molto di più di quanto possa mai darci.

• So che avevo paura di due cose: fallimento e giudizio. Sul giudizio: la sobrietà ti dà così tanto coraggio che sapendo esattamente chi sei e chi dovresti essere, vinci tutto. E sapendo che mentre bevi, non puoi diventare quel ragazzo. Quando raggiungi la vera sobrietà e vedi tutti i vantaggi, nessuno può dire cazzate che ti infastidiscono. Ti rendi conto che sei il più tosto di tutti! In caso di fallimento: mi dicevo e l'ho fatto più e più volte che se non ci provi, fallirai e basta. Lo devi provare da solo!

• Senza alcol, la tua vita continuerà! E scoprirai un amore e una comprensione più profondi quasi insostituibili di te stesso.

• Romanticizziamo la nostra relazione con l'alcol, e questa è una delle parti più difficili. È come rompere con una VERA ragazza schifosa e ricordare solo "il bello". Prima di tutto, probabilmente c'è un motivo per cui ne parli. Parla al tuo intestino. Con dargli un'occhiata, non hai niente da perdere.

• Hai una vita preziosa. Non incoraggiare più momenti di alcol da prendere. Vale la pena partire.

• Se non hai problemi con l'alcol, non avrai problemi con l'alcol.

• Avrai sempre una vita sociale in cui non sarai tradito dai tuoi veri amici. Che l'universo è molto più grande e migliore del fumo e puoi fare così tanto.

• Gettalo dappertutto e guarda cosa si attacca: meditazione, metodi alternativi di recupero, riposo, esercizio fisico, zucchero, cibo sano, terapia, pet therapy, amicizie sobrie. Quando una cosa non funziona, non scoraggiarti!

• È una decisione di cui non ti pentirai mai. A volte potresti averne a che fare, ma non te ne pentirai mai.

• Direi loro che essere sobri non ti renderà noioso. Non puoi vedere i segreti che l'alcol prende dalla tua vita da dove sei ora. Ma è lì. Lascia cadere il risentimento e la resistenza dalla paura. Anche quando fa male, sta andando ottenere così dolce. Sta solo aspettando.

• Ricordati di pensarci. Provare non sarà mai spaventoso. Ne vale la pena il meglio che abbia mai fatto. C'è una grande famiglia di persone AF; non sei solo.

• Le persone in recupero che sono arrivate prima di te aspettano di tifare per te dall'altra parte! Può essere terrificante, ma non deve essere solo.

• Ci vorrà il coraggio di tutti i tipi. Ma è possibile. Ed è così utile.

• Ascolta l'anima. Il cuore sa ciò che il cervello non è in grado di comprendere. Sii aperto, sii lussurioso.

• Senza alcol, la tua vita continuerà! E troverai per te stesso un amore e una comprensione più profondi che sono assolutamente insostituibili.

• Provalo e guarda cosa sta succedendo per 30 giorni. L'ho detto a così tanti amici e, a causa dei massicci miglioramenti della loro salute e del loro benessere, molti hanno finito per smettere per sempre. Se eri drogato e alcol e come me fortemente dipendente, assicurati di cercare assistenza medica. Vivere senza alcol e senza droghe mi ha dato tutto quello che volevo e molto di più!

• Anche in piccole raffiche, cerca! Cerca di identificare la situazione che ti dà più ansia (come la festa di un amico ubriaco e identifica la paura in quella situazione come se le persone pensassero che sei noioso e il tuo cervello inizierà a diventare più forte. Direi anche: "Immagina la rimozione del cotone idrofilo dal tuo viso. La vita entra in una prospettiva euforica ma nitida come un rasoio." Penso che una grande quantità di paura per questo derivi dall'essere nervoso che dovrà essere per sempre. E questo è davvero travolgente. Potrebbe essere solo per ora prendere questa decisione. Solo per provarlo. Forse un po' '.

Ancora più a lungo. Forse per sempre. Eppure togliti il peso. Deve essere "avanti" e fallo.

• Dici "sì" a qualcos'altro se dici "no" a qualcos'altro. Per me, smettere di alcol ha creato spazio nella mia vita per riempire la mia carriera con altre cose fantastiche come hobby, provare cose nuove, ecc. Assicurati di bere REPLACE con qualcosa che ti ecciti davvero e ti appaghi. Avrai molte meno probabilità di ricadere nelle vecchie abitudini. Chiediti: "Per cosa voglio creare spazio nella mia vita?" È più probabile che fuori dalla scena del bar trovi amicizie e relazioni soddisfacenti. Perché? E incontri persone che fanno le stesse cose quando sei fuori a fare cose che ti interessano, e hai molto più in comune con loro rispetto alla maggior parte delle persone che incontri in un bar. Fare nuove amicizie pur essendo sobrio può sembrare inizialmente scoraggiante, ma è davvero bello perché non devi stabilire una connessione. O è lì naturalmente o non è lì. A volte, quando davvero non lo fai, l'alcol ti fa sentire come se avessi una connessione con qualcuno.

• Puoi risparmiare denaro. Metti i soldi su un conto ogni volta che vuoi bere per salvare qualcosa che potrebbe aiutare la tua vita o usarlo per volare.

• In AA, dicono: "Rimborseremo le sofferenze". Inizialmente, aggiungi tisane calde. E la crema di ghiaccio. Sì, e ci sono così tanti libri!

• Io non credo che dovrei dire che. Direi: "A cosa stai pensando?" Al contrario. Quindi, rispondendo a una preoccupazione specifica, puoi essere più solidale. L'apprensione è non mollare; questo è il desiderio. Hanno paura di ciò che potrebbero significare Dovrei presumere che la perdita della vita sociale e degli amici o un approccio di "rilassamento" sia di solito il fattore principale.

• È assolutamente esilarante e forte quando si usa "no" per difendersi (come in "no, grazie"), ed è incredibile.

• Gioca avanti. Immagina di non avere mai una sbornia per svegliarti. OGGI ANCORA.

• D'altra parte, la felicità che proverai è molto al di là di ciò che MAI potresti immaginare.

• Tutto ciò che sentivo di non poter fare senza l'alcol (divertimento, karaoke, danza, sentirmi bene), potevo farlo e altro ancora. Quando smetto di bere, ogni aspetto della mia vita migliora. Posso guardarmi allo specchio e sentirmi bene con chi guarda indietro.

• Sei coraggioso.

• Questo accade quando il bere provoca dolore e conseguenze dannose per la persona: "Sì, è difficile rinunciare all'alcol, ma è così che vivi la tua vita così com'è ora".

• Guadagni molto più capitale sociale di quello che perdi.

• È composto da stelle.

- È il regalo che continua a dare, ma devi aspettare la magia.

- Ogni volta che vuoi, puoi tornare alla birra. Ma se è speciale, provalo e guarda.

- Ottieni una vita preziosa. Non incoraggiare più momenti di alcol da prendere. Vale la pena andarsene.

- Con tuo shock, la vita non è tanto una sfida come l'hai immaginata. È possibile godere di cose "naturali" mondane. Non sei destinato a detestare te stesso. Troverai la tua storia, la tua passione e troverai te stesso.

- Sai solo quando sei pronto per partire.

- Va bene essere scomodo.

- Va bene provare. Se è difficile, beh, almeno imparerai qualcosa su te stesso. E per il meglio, crescerai e migliorerai.

- Non sei da solo.

- Non c'è fine per sempre alla tua vita sociale. Potrebbe essere, ma non per sempre, per un momento.

- È molto meglio di quanto pensi che sarà.

• FALLO SEMPRE. Prova e continua a provare. È duro come l'inferno, ma il gioco vale la candela.

• Hai alcol? O sei escluso dalla tua vita? È normale temere il cambiamento, ma coloro che sono disposti a cambiare sperimenteranno una nuova, meravigliosa vita. Non è così facile; non è facile fare qualcosa di utile. Ma è utile. Ne vale la pena

• Andrà tutto bene senza di essa.

• Cammina dritto dentro. Non guardare indietro. Ripeti finché non si blocca.

• Impegnarsi per un periodo di tempo ragionevole. Stai usando risorse come gruppi online, famiglia, articoli di lettura, contare i tuoi soldi, pratica di meditazione. Fare cose per essere lodato, non essere punito la punizione si traduce in un fallimento.

• Non è che pensi che riavrai indietro la tua libertà.

• Mi piacerebbe dire che la paura ci sta accecando a quello che il vero pericolo è. In questo caso, il che significa che la mia paura di smettere di alcol mi avrebbe reso cieco di fronte al pericolo reale che STAVO a continuare a bere. La paura è un ladro e un bugiardo!

• Stai già andando a casa.

• Bere non rende "migliore". Non te ne pentirai, anche se è difficile lasciarlo andare.

• Se stai soffrendo per non fare nulla che ti ferisca, probabilmente è una dipendenza.

• È molto più facile di quanto pensi!

• Provare ti aiuterà a iniziare a guarire dalla paura e non cercare di dare il tuo potere alla paura.

• Prova e riprova. È duro come l'inferno, ma è prezioso il guadagno.

• Può essere finito!

• Inizia con piccoli obiettivi di realizzazione: resta sobrio per un giorno, leggi un articolo, ascolta un podcast sulla sobrietà, partecipa a una riunione, parla con un consulente

• È solo terrificante per un po' ', poi ti chiederai perché non te ne sei andato prima.

• Tutti gli articoli che hai usato per "richiedere" liquori, senza alcol, sono piacevoli. Provalo un paio di volte!

• È incredibile e forte.

• Se me lo chiedi, avrai qualcosa a che fare con te.

• L'altro lato è BENE imperscrutabilmente!

• Ti sentirai molto meglio. Dategli tre mesi, e si sta andando a notare una grande differenza.

• Chiamalo esperimento e guarda cosa
sta succedendo. Forse sei sorpreso!

• Dirò loro di leggere e lasciare che Allen Car e Annie Grace parlino al tuo inconscio. Quindi impegnati con te stesso, diciamo trenta o sessanta giorni, poi guarda come ti senti. E scrivilo! Il secondo desiderio, ho scritto di più. E ottieni finanziamenti. Così importante, così importante.

• Dovevo davvero chiedermi se l'alcol fosse un bene per me. Ha questo valore aggiunto alla mia vita? La risposta è stata no. Senza di essa, dovevo decidere che stavo bene.

• Non devi farlo da solo.

• C'è molta vita che ti aspetta oltre la paura.

• È la decisione più difficile e più forte che abbia mai preso di smettere di bere. Non guardare mai indietro.

• Dovresti aver paura. È spaventoso. Ci sono tanti modi in cui la tua vita può cambiare. Un po' 'farà schifo, ma un giorno proverai tutte le emozioni e ti sveglierai, e capirai la vera felicità per la prima volta da anni e ti sentirai vivo, e non vorrai tornare come stanno le cose.

• Congratulazioni per aver raggiunto questo punto! Sii gentile con te. Allenta la pressione per la prima volta per rimetterla insieme. Dovresti provare tutte le volte che vuoi essere sobrio. Inizia e guarda come stai andando per 30 giorni. Ogni giorno sei sobrio, grazie a te stesso. Si spera che le voglie finiscano. La vita sobria è sorprendente.

• È fantastico scoprire quanto puoi fare meglio quando togli l'alcol dal tuo corpo!

• È probabile che continuare a bere sia terrificante quanto la sobrietà, se non di più.

• Continua a provare. Bagni notturni caldi. I libri di Instagram e le persone che fanno la vita secca. Continua a provare.

- Va bene essere spaventati. Ad ogni modo, fallo.

- Tutti gli articoli che hai usato per "richiedere" liquori, senza alcol, sono piacevoli. Provalo un paio di volte!

- Sei stato ucciso dall'alcol, pennello.

- Puoi fare qualsiasi cosa se riesci a superare il primo fine settimana.

- La ragione per smettere di avere più influenza di qualsiasi scusa che ti trattiene.

- Hai paura dei giorni, del sonno ristoratore e del ricordo degli eventi? In caso contrario, allora fallo.

- È importante. In caso di ricaduta, non essere così duro con te stesso, riprova.

- Prendi la mia mano qui.

- Se ti poni la domanda, qualcosa conosce già la risposta nel tuo cuore.

- Raggiungi un punto in cui non stai pensando all'alcol. Sicurezza!

• Che tu rimanga sobrio o meno, avrai comunque alcune conoscenze relative all'alcol per te stesso. Vale sempre la pena fare un test.

• Il primo passo verso l'amor proprio è la sobrietà.

• Concentrati sulla creazione di nuove abitudini più sane e sul frequentare persone che hanno altri hobby oltre a mangiare e bere.

• Non saprai mai se l'hai mai provato. (Suggerimento: anche se ci vogliono 1 o 20 tentativi, ne vale sempre la pena.) • L'ansia renderà più facile il riepilogo per più giorni, fidati di te stesso. Sei molto coraggioso e rimarrai sorpreso dalla tua stessa forza.

• Immergiti e, intendo, IMMERGITI nel regno della sobrietà di Instagram. Questo gruppo di sopravvissuti si salva l'uno dell'altro, incluso il tuo.

• È dura come l'inferno. I ritiri, come l'inferno, sono terribili. A causa del tormento fisico, emotivo e spirituale, vorrai morire OGNI MINUTO. Ottenere assistenza medica per rimuovere in sicurezza È gratuito. Ma una volta che scendi dalla ruota del criceto abuso, va bene. Sarai in grado di guardare indietro e realizzare che la vita non è disperata come qualcosa di doloroso e difficile. È pieno di speranza e potenziale. Attraverso modi soddisfacenti, sarai in grado di praticare la presenza e la percezione. Le cose che non pensavi fossero possibili sono in realtà vere. Supporto positivo drop-in in queste prime fasi di rottura delle catene della dipendenza. Ci vorranno alcuni giorni prima che un villaggio riesca a superare quei giorni accettando tutto il sostegno possibile. Si sta andando a rompere quelle catene colpa e vergogna. Ne vale la pena Senza un duro lavoro, non c'è successo.

• Più ti siedi e pensi a tutto, più "appare" inquietante dal punto di vista della tua mente. Il corpo è forte ed è capace di fare cose incredibili. Inizia un giorno alla volta e tieni presente un obiettivo realistico. Se riesci a trovare un amico da condividere con te, puoi sentirti meno solo e talvolta divertirti a motivarti a vicenda.

• La ricompensa fisica con cui ancora inizio: niente più postumi di una sbornia. Ciò sembra intimidire il contratto di locazione quando inizi per primo.

• Partecipa alla riunione dell'AA! Ascoltare le storie di altre persone può davvero aprire gli occhi.

• Concentrati sulla creazione di nuove abitudini più sane e sul frequentare persone che hanno altri hobby oltre a mangiare e bere.

• È non arriva a bere più. Non hai mai dovuto.

• Solo TU puoi prendere la coraggiosa decisione di smettere di bere alla fine della giornata. Ma se lo fai, dovresti sapere che non sei solo. E ti riprenderai proprio come tanti di noi. E sì, il recupero è un'operazione a vita, ma ti garantiamo che alla fine ne sarai grato.

Capitolo 7: Come smettere di essere un alcolista?

Ti stai chiedendo come puoi gestire una madre intossicata durante le vacanze o come puoi aiutarla? Gli amici ti hanno detto che sei il facilitatore del tuo coniuge? Soffri le conseguenze del problema dell'alcol di una persona cara? Può essere difficile sentirlo quando una persona cara lotta con la dipendenza; devi migliorare te stesso. Dopotutto è un loro problema, no? Sfortunatamente, puoi solo migliorare te stesso e l'unico modo per cambiare l'attuale corso delle tue interazioni con le persone con problemi di abuso di sostanze è cambiare le tue reazioni.

Quelli di noi che risiedono o hanno risieduto tra tossicodipendenti attivi o coloro che lottano con la dipendenza sentono che l'incontro li ha influenzati profondamente. A volte, le tue azioni e scelte causeranno frustrazione e pressione. Puoi metterlo in una prospettiva diversa cambiando il tuo approccio e il tuo atteggiamento verso il problema in modo che non consumi più i tuoi pensieri e la tua vita. In una certa misura, è gratificante rendersi conto che puoi cambiare mentalità e atteggiamento. Non devi continuare a fare alcune delle cose che fai con una persona dipendente dalla tua danza.

7.1 Se ami un alcolizzato (prova questi suggerimenti)

Incolpare te stesso

Moglie triste e marito pazzo. È caratteristico degli alcolisti
cercare di incolpare le condizioni o gli altri intorno a loro,
compresi quelli più vicini a loro. Sentire un tossicodipendente
affermare: "L'unico motivo per cui sto bevendo è a causa
tua" Non crederci. Se il vostro caro è davvero un
tossicodipendente, non importa quello che fai o
fare, sta andando a bere. Non è colpa tua. È diventato
dipendente dall'alcol e nulla si frapporrà tra lui e la sua droga
preferita.

Prendendolo personalmente

Se gli alcolisti giurano di non bere mai più, ma poco
tempo dopo tornano a bere, come al solito, è conveniente che i
membri della famiglia abbracciano personalmente le promesse
non mantenute e le bugie. Potresti pensare: "Se mi ama così
tanto, non mi mentirebbe". Ma se è diventata davvero
dipendente dall'alcol, potrebbe aver cambiato la chimica del suo
cervello al punto da essere totalmente sorpresa da alcune delle
scelte che fa. Potrebbe non avere influenza sul proprio processo
decisionale.

Prova a controllarlo

Molti membri della famiglia alcolista fanno naturalmente del
loro meglio per convincere i loro cari a smettere di
bere. Purtroppo, di solito si sente solo e deluso dai membri della
famiglia dell'alcolista. Potresti dire a te stesso che puoi
certamente fare qualcosa, ma la realtà è che anche gli alcolisti
non possono regolare la loro bevanda, provano il più
possibile. Nonostante ti rendi conto che potresti semplicemente
voler aiutare l'amato tossicodipendente nel mezzo di una
crisi. In effetti, di solito questo è il momento in cui non c'è nulla
che la famiglia dovrebbe fare.

Quando un alcolizzato o un tossicodipendente raggiunge un
punto di crisi, a volte questo è il momento in cui la persona

finalmente riconosce di avere un problema e inizia a cercare aiuto. Tuttavia, se amici o familiari si precipitano nella situazione di crisi e "salvano" l'individuo, la determinazione a ottenere supporto può essere rimandata e "salva" la persona dalla situazione di crisi, la decisione di ottenere aiuto può essere rimandata.

Lascia che accada una crisi

È molto difficile per chi ama la dipendenza sedersi e lasciare che la crisi svolga il suo ruolo più completo. Se i tossicodipendenti raggiungono il punto di abuso di sostanze quando ottengono una DUI, perdono il lavoro o vengono gettati in prigione, sapendo che la cosa migliore che possono fare in questo caso è non fare nulla è un concetto difficile per i loro cari. Sembra andare contro tutto quello che pensano. Fa sì che il ciclo, purtroppo, continui. Per sempre.

Essi non devono creare una crisi, ma l'apprendimento distacco vi permetterà di creare una crisi che potrebbe essere l'unico modo per cambiare.

Prova a curarlo

Non fare errori; l'alcolismo o la dipendenza dall'alcol è una malattia primaria, cronica e progressiva che a volte può essere fatale. Non sei un professionista sanitario e non dovresti assumerti la responsabilità di trattare amici o familiari, anche se lo sei. Non sei un consulente qualificato per l'abuso di sostanze e il tuo ruolo non dovrebbe essere di nuovo un consulente, anche se lo sei. Ami semplicemente qualcuno che avrà bisogno di cure professionali per guarire. Questa è la responsabilità del tossicodipendente, non tua. Non puoi curare la malattia. Qualunque sia la tua storia, hai bisogno di supporto dall'esterno.

Gli alcolisti in genere attraversano un paio di fasi prima di essere disposti a cambiare. Fino a quando un alcolizzato non inizia a pensare di smettere, la resistenza incontrerà spesso qualsiasi azione che intraprendi per "aiutare" la sua sinistra.

Anche se non è tuo dovere "curare" la dipendenza della persona amata, potresti voler sapere alcune delle cose che i bevitori desiderano lasciare, così come alcune delle cose che fanno rimanere sobrio un alcolista. Potresti chiedere l'intervento dei tuoi genitori. Passa un po' 'di tempo a leggere su come prenderti cura di te stesso trovando modi non per te stesso per preparare un'operazione, ma perché spesso è l'unico modo in cui una persona con una dipendenza può ottenere il supporto di cui ha bisogno.

Coprendolo Up

C'è una battuta su un tossicodipendente negato nei circoli di riabilitazione che grida: "Non ho problemi, quindi non dirlo a nessuno!" In genere, gli alcolisti non vogliono che nessuno sappia il livello del loro consumo di alcol perché se qualcuno vede l'intera portata del problema, può provare ad aiutare. Quando i membri della famiglia cercano di "sostenere" (abilitazione alcolica) coprendosi per il loro bere e inventando scuse per questo, giocano direttamente nella trappola della colpa dell'alcolista. L'approccio migliore è affrontare il problema in modo aperto e onesto.

Accettare un comportamento inaccettabile

L'accettazione di un comportamento inaccettabile di solito inizia con un piccolo incidente in cui i membri della famiglia dicono: "Hanno semplicemente bevuto troppo". E la volta successiva il comportamento peggiora sempre di più. Inizi gradualmente ad accettare comportamenti sempre più inaccettabili. Prima che tu te ne accorga, ti ritroverai in una relazione violenta.

Non è mai necessario stuprare. Nella tua vita, non devi accettare comportamenti inaccettabili. Hai delle scelte.

Anche proteggere i tuoi figli da comportamenti inaccettabili è essenziale. Non tollerare commenti dannosi o negativi per i tuoi figli. Tali osservazioni possono portare a danni permanenti alla psiche di un bambino. Proteggi i tuoi figli e non esitare a tenerlo lontano da qualcuno che beve e non rispetta i tuoi limiti. Può lasciare ferite durature crescere in una famiglia di alcolisti.

Avere aspettative irragionevoli

La difficoltà con un alcolizzato è che, in determinate circostanze, quella che potrebbe sembrare un'aspettativa ragionevole potrebbe essere irrazionale per un tossicodipendente. Se gli alcolisti giurano a te e a se stessi che non toccheranno mai un'altra goccia, potresti aspettarti che siano sinceri e non berranno più. Ma questa presunzione si rivela irrealistica per gli alcolisti. Sarà giusto aspettarsi che qualcuno sia sincero con te quando non puoi nemmeno essere reale con te stesso o te stesso?

Vivere nel passato

Il modo migliore per affrontare la depressione in famiglia è rimanere concentrati sulla situazione attuale. L'alcolismo è una malattia progressiva. Essa non raggiunge un certo livello e vi rimane per un tempo molto lungo; continua a peggiorare finché l'alcolista non cerca aiuto. Non puoi permettere che gli inganni e gli errori del passato influenzino le tue decisioni oggi perché è probabile che le condizioni siano cambiate.

Abilitare

Quando cercano di "aiutare", i propri cari ben intenzionati spesso fanno qualcosa che incoraggia gli alcolisti a procedere lungo i loro percorsi distruttivi. Scopri cosa fa accadere questo e assicurati di non fare nulla che promuova la negazione del tossicodipendente o impedisca loro di affrontare le inevitabili conseguenze delle loro azioni. Quando si sono resi conto che il loro sistema di abilitazione non era più in vigore, molti alcolisti hanno finalmente chiesto aiuto. Fai questo quiz per un momento per vedere se stai sostenendo un alcolizzato.

Cosa succede se incoraggi un alcolizzato a farlo? La risposta esatta dipende dalla situazione particolare, ma ciò che di solito accade è che: il tossicodipendente non sente mai il dolore. Questo distoglie l'attenzione dalle azioni dell'alcolista. Ad esempio, se la persona amata cammina per il cortile e tu lo aiuti gentilmente a entrare in casa e a letto, senti solo dolore. Quindi il focus diventa ciò che hai fatto che lo ha spostato rispetto a ciò che ha fatto, che è uscire. In questo caso, mentre si sveglia la mattina sul prato, con i vicini che aprono la finestra ed entrano in casa, mentre tu ei bambini siete felici di fare colazione, la sofferenza è lasciata a loro. L'unica cosa che ha dovuto affrontare è il suo comportamento. In altre parole, il suo comportamento diventa il fulcro invece della tua reazione alla sua pratica. Sentirà il bisogno di migliorare solo quando sentirà la sua sofferenza.

Le conseguenze naturali possono significare che ti rifiuti di stare con l'alcolista in qualsiasi momento. Per l'alcolista, questo non è essere meschino o scortese, ma piuttosto autoprotettivo. Non è tua responsabilità "curare" l'alcolismo della persona amata. Tuttavia, un aspetto che può spostare una persona dallo stadio pre-contemplativo allo stadio contemplativo del superamento della dipendenza è consentire il verificarsi di risultati naturali. Quella fase contemplativa termina con la decisione di cambiare, ma prima che la dipendenza sia gestita, di solito sono necessarie più misure come la pianificazione, l'intervento e la manutenzione futura e la probabile ricaduta.

Mettere fuori servizio Aiuto

Dopo anni di copertura alcolica e senza parlare del "problema" al di fuori della famiglia, può sembrare scoraggiante chiedere consiglio a un gruppo di sostegno come i gruppi familiari Al-Anon. Eppure milioni di persone hanno trovato soluzioni in quegli incontri che contribuiscono alla serenità. Trasferirsi a un incontro con Al-Anon è stata una di quelle cose che dici: "Avrei dovuto farlo anni fa".

Prescrizione di recupero

L'edizione di luglio 2013 della newsletter "DMC Campire" includeva un articolo sulle famiglie dipendenti dal titolo "Come posso aiutare" Il rapporto includeva ciò che DMC chiama una "prescrizione di recupero garantito". Sebbene siano rivolti alle famiglie cristiane alle prese con la dipendenza, i concetti possono essere applicato da tutti: perdonare te stesso significa poter dire tante cose, incluso che non devi più negare la dipendenza nella tua vita.

• Non è più necessario utilizzare il tossicodipendente per monitorarlo.

• Non è più necessario salvare l'aggressore.

• Non è più necessario essere interessati alle motivazioni dell'aggressore. Non è più necessario fornire assicurazioni o rimuoverle.

• Non devi più chiedere consiglio a chi non è informato.

• Non devi più lasciare che il tossicodipendente manipoli te oi tuoi figli.

• Non devi più essere vittima di una dipendenza.

Prenditi cura di te stesso

Potrebbe esserci molto poco che puoi fare per sostenere il tossicodipendente fino a quando non è pronto per aiutare, ma potresti smettere di lasciare che il problema del bere consumi i tuoi pensieri e la tua vita. Fare scelte che fanno bene alla propria salute mentale e fisica va bene.

Capitolo 8: I vantaggi di non un alcolizzato

Quali sono i benefici del non bere alcolici?

Smettere di bere può sembrare estremo, ma questi legittimi benefici per la salute derivanti dal far riflettere potrebbero convincerti a smettere di bere.

Ciò è in parte dovuto a una maggiore consapevolezza dell'eccessivo consumo di alcol: il "disturbo da uso di alcol" nelle giovani donne è in aumento e c'è stato un aumento del numero di giovani adulti affetti da epatopatia alcolica e cirrosi ". La Task Force statunitense sui servizi preventivi ha appena annunciato che i suoi medici di base monitoreranno tutti gli adulti, comprese le donne incinte, per l'eccessivo consumo di alcol durante i controlli, secondo una nuova dichiarazione della rivista medica JAMA. E, beh, sempre di più la ricerca mostra che anche un consumo moderato di alcol non è sicuro per il tuo benessere, per non parlare delle disastrose conseguenze sulla salute.

Anche se può sembrare un po' 'radicale, ci sono molti vantaggi nel rinunciare temporaneamente all'alcol.

8.1 Uno stile di vita sano

Vedi meglio

Il loro aspetto diverso è una delle prime cose che le persone che smettono di bere appunti. Il fegato inizia ad abbattere l'alcol e rilascia un sottoprodotto tossico dell'acetaldeide che secca la pelle e disidrata altri tessuti del corpo. Tuttavia, la pelle arrossata e il viso arrossato dopo pochi drink non sono gli unici inconvenienti. L'alcol provoca anche infiammazione, quindi possono verificarsi più punti neri, brufoli e sfoghi generali nei capillari sanguigni gonfi.

Se l'alcol provoca lo sviluppo di più pori ostruiti nella pelle, l'acne non trattata può trasformarsi in cisti o lesioni, provocando cicatrici permanenti. Potresti già avere problemi con la tua pelle. In tal caso, potrebbero esserci delle meraviglie inaspettate per smettere di bere. Entro la prima settimana di non bere, la tua tinta più chiara probabilmente sorprenderebbe te e chi ti circonda.

Ti senti meglio

Immagina sotto i tuoi occhi niente più mal di testa, bocca secca e occhiaie. Le persone che smettono di bere mostrano livelli più bassi di zucchero nel sangue e colesterolo, più energia per tutto il giorno e una migliore concentrazione ed efficienza lavorativa.

Anche se non sei un bevitore abituale, un fine settimana al pub o qualche bicchiere di vino ogni sera possono comunque danneggiare la tua salute e la tua capacità mentale. Astensione permette di vedere solo quanto alcol è ostacolando le prestazioni quotidiana e quanto meglio senza di essa, si può sentire.

Controllo sulle tue emozioni

Mentre le persone si rivolgono agli alcolici per distogliere la mente dai loro problemi, l'alcol può intensificare la depressione e l'ansia. La ricerca della School of Medicine dell'Università della Carolina del Nord ha dimostrato che l'alcol potrebbe ricablare i percorsi neurali del cervello e rendere le persone più vulnerabili ai problemi di ansia.

La tendenza ad andare di pari passo con la dipendenza e problemi di salute mentale. Se soffri di depressione o ansia, è facile diventare dipendenti dagli effetti calmanti iniziali dell'alcol. Sfortunatamente, nel tempo, bere aumenta la tolleranza e alla fine indebolisce il sistema di ricompensa del tuo cervello. Vuoi sempre più bevande per sentirti bene, ma non sarai mai così bello come una volta se hai iniziato a bere per la prima volta.

Gran parte della riabilitazione alcolica comprende che ci sono altri modi per affrontare i problemi mentali. La creazione di soluzioni positive e affermative per lo stress e le emozioni negative consente alle persone di diventare più resilienti senza alcol e condurre vite più produttive.

La tua salute mentale migliora

L'alcol è un depressivo che può sconvolgere la chimica del nostro cervello e lasciarci emotivamente sbilanciati. Le conseguenze del bere possono essere dannose per le persone che hanno già un problema di salute mentale associato alla chimica del cervello, come il disturbo depressivo maggiore o il disturbo d'ansia generalizzato.

È naturale sentirsi più a proprio agio e meno stressati dopo qualche drink, ma l'automedicazione con l'alcol ci farà sentire peggio ogni volta che usiamo il nostro brusio. I livelli di serotonina abbassati dopo aver bevuto aggravano la depressione e gli sbalzi d'umore legati all'alcol che ci fanno provare ricordi dolorosi e sentimenti irrisolti mentre siamo intossicati. Tali emozioni ci fanno solo desiderare di bere di più.

Le persone con problemi di salute mentale hanno maggiori probabilità di soffrire di dipendenza. Smettere di alcol porta sulla strada giusta per una migliore salute mentale e una maggiore consapevolezza di sé.

Puoi perdere peso e diventare più forte. Le persone che bevono ogni giorno possono mangiare centinaia o migliaia di calorie extra ogni settimana. Non esiste un valore nutritivo per l'alcol, quindi le "calorie sotto vuoto" di cui si sente sempre parlare sono vuote. In realtà, il corpo vuole rimuovere l'alcol, quindi

invece di ridurre i grassi o i carboidrati e gli zuccheri, è più
probabile che si concentri su questo.

Ridurre l'alcol o smettere di fumare ridurrà drasticamente
l'apporto calorico e ti aiuterà a sentirti più sano. Anche
intraprendere una routine di esercizi quotidiani è un ottimo
momento e, quando ti dimagrisci, puoi trasformare i tuoi
pensieri e le tue risorse in qualcosa di positivo.

Dormi meglio

L'alcol aiuta molte persone ad addormentarsi, ma non le aiuta a
dormire meglio. Un aumento dei disturbi del sonno porta a una
qualità del sonno inferiore per i bevitori rispetto ai non
bevitori. Più tempo trascorso nel periodo di sonno REM
significa che i nostri corpi non sono recuperati e rinfrescati
come potrebbero essere ogni mattina. La mancanza di sonno
adeguato può anche contribuire durante il giorno a problemi di
memoria, problemi di concentrazione, riduzione delle
prestazioni cognitive e aumento della fatica.

Minor rischio di sviluppare il cancro

Probabilmente hai sentito che consumare piccole quantità di
alcol aiuta a prevenire problemi cardiaci e malattie, ma può fare
lo stesso per smettere di bere. Il bere è stato associato a vari tipi
di cancro, tra cui il cancro del fegato, il cancro dell'intestino e il
cancro della testa e del collo.

L'alcol di per sé non causa il cancro (cancerogeno). Tuttavia, uno
studio condotto dal Laboratorio di biologia molecolare del
Medical Research Council, Cambridge, ha mostrato come l'alcol
e l'acetaldeide potrebbero causare la disgregazione dei globuli
bianchi e alterare le sequenze di DNA che aumentano la
probabilità di cancro.

Più tempo per concentrarsi

Lei non dovete sprecare il vostro mattina smaltendo una sbornia o perdere le vostre notti in un'altra sessione pub. Dovresti investire le tue risorse nel trascorrere del tempo di qualità con la famiglia e gli amici, provare un nuovo hobby e migliorare te stesso come individuo piuttosto che strutturare il tuo calendario sociale intorno all'alcol.

Fai sesso migliore

È un'idea sbagliata che l'alcol sia un afrodisiaco. In realtà, le tue prestazioni sessuali potrebbero essere danneggiate dall'alcol. Il bere era associato a disfunzione erettile, secchezza dell'utero e diminuzione della sensibilità. È meno probabile che tu prenda decisioni impulsive anche senza alcol nel mix. Significa che hai meno probabilità di fare sesso con qualcuno che non conosci.

Non avere meno sbalzi d'umore

Come abbiamo spiegato in precedenza, l'alcol può alterare la chimica del nostro cervello e causare reazioni estreme. Anche la correlazione tra alcol e comportamento aggressivo contribuisce a un maggiore conflitto, che danneggia i nostri legami. Puoi godere di una mentalità più stabile quando sei sobrio e ti concentri sull'agire dalla ragione alla pura risposta emotiva.

Prestazioni cerebrali

Bere sta mettendo a dura prova le nostre prestazioni cognitive in modo che possa portare a una migliore concentrazione, produttività e una vita più sicura e completa. È molto probabile che il lobo frontale sia influenzato dalla dipendenza da alcol e la rigenerazione delle cellule cerebrali continuerà per anni dopo aver smesso di bere. Godrai di una migliore memoria, un maggiore controllo comportamentale, regolazione emotiva e capacità di risoluzione dei problemi mentre il tuo cervello si riprende e ricolleghi i percorsi neurali critici senza alcol.

Risparmia più soldi

Con molte persone che spendono più di 50.000 sterline in alcol per tutta la vita, è sicuro che lasciare il portafoglio farà miracoli. Considera l'idea di investire il denaro risparmiato in una buona causa o in un conto di risparmio individuale che possa essere utilizzato per una vacanza da sogno.

Controllo sul tuo bere

Se smetti di bere per un breve periodo, dicendo attraverso una sfida in stile gennaio secco, potresti avere un impatto sulle tue abitudini di consumo molto tempo dopo. (Se i benefici ti convincono ad abbandonare l'alcol, anche per un po' ', segui questi suggerimenti su come smettere di bere alcolici senza sentire tutto il FOMO. La nuova ricerca dell'Università del Sussex ha monitorato più di 800 persone che hanno partecipato a Dry January 2019 e ha scoperto che ad agosto, i partecipanti hanno anche bevuto meno: il numero totale di giorni di consumo è sceso da 4,3 a 3,3 a settimana, il tasso medio di consumo è diminuito da 3,4 a 2,1 al mese e 80 partecipanti hanno indicato un maggiore senso di controllo sul proprio bere.

"La cosa brillante di gennaio secco è che non è nemmeno gennaio", ha detto in un comunicato lo psicologo Richard de Visser, che ha guidato il gruppo di ricerca. "Essere senza alcol per 31 giorni ci insegna che non abbiamo bisogno di alcol per divertirci, rilassarci, per socializzare. Ciò significa che siamo più in grado di fare scelte sul nostro bere per il resto dell'anno ed evitare di scivolare a bere più di quanto vogliamo. "

Salute migliore

"L'alcol non contiene solo molte calorie vuote, ma quando le persone bevono troppo, tendono a bere troppo. Prova: il 58% dei partecipanti allo studio Dry January dell'Università dell'Essex ha riferito di aver perso peso dopo aver smesso di bere alcolici. Solo per un mese.

"I postumi della sbornia hanno anche cose come camminare per una corsa mattutina o andare in palestra. Le persone sono molto

più in grado di attenersi alle loro abitudini rinunciando",
dice. "Ci sono, ovviamente, benefici a lungo termine in termini
di riduzione del rischio di molti tumori, miglioramento della
salute del cuore, rafforzamento del sistema immunitario e non
danneggiare il fegato". (Ad esempio, solo una porzione di alcol al
giorno può aumentare il rischio di cancro al seno.) È possibile
trovare un riepilogo completo dei rischi associati all'alcol sul sito
web del National Institute for Alcohol Abuse and Alcoholism.

Dormire meglio

"Come psicologo, molti dei miei pazienti riferiscono di avere
problemi a dormire", dice il dottor MacMillan. Quando si tratta
di dormire male, l'alcol è come versare il sale su una
ferita. Inibisce il sonno REM (il periodo di riposo più
ristoratore) e sconvolge i ritmi circadiani. Quando le persone
smettono di bere, il loro riposo ne trarrà enormi benefici e, in
effetti, migliorerà la loro salute mentale generale. "Ecco alcune
informazioni su come si dorme con l'alcol. Oltre il 70% degli
studenti ha partecipato entro la fine di Dry January.

Stati d'animo migliori

Se stai dormendo meglio, è molto probabile che si sentono più
carichi di energia, ma non è l'unica ragione per cui è possibile
aumentare la vostra energia per smettere di alcol. "Prendersi
una pausa dall'alcol può aumentare i livelli di energia", afferma
Kristin Koskinen, nutrizionista dietista registrato, RDN Bere
indebolisce l'apporto di vitamina B (che è fondamentale per
l'energia sostenuta). "Le vitamine del gruppo B, come la maggior
parte dei nutrienti, non hanno solo uno scopo in modo che tu
possa notare un impatto con il consumo di alcol sia sulla tua
energia che sull'umore", dice. Questa è forse una spiegazione del
motivo per cui lo studio dell'Università del Sussex ha registrato
che il 67% dei partecipanti a Dry January aveva più carburante.

Pelle migliore

"La rimozione di alcol dalla tua dieta può migliorare il tuo aspetto", dice Koskinen. "Abbiamo tutti sentito dire che l'alcol è disidratato. Avere le cellule della pelle perdono rotondità, permettendo loro di diventare stressate, Capelli che sembrano più vecchi". Sì, lo studio dell'Università del Sussex ha rilevato che il 54% dei partecipanti a Dry January ha riferito di avere una pelle migliore.

Recupero più veloce "

L'alcol può influenzare lo stato di idratazione, le capacità motorie e il recupero muscolare dal punto di vista delle prestazioni atletiche ", osserva Angie Asche, RD, dietista dello sport e fisiologa dell'esercizio clinico." Le prove hanno dimostrato che il consumo di alcol può potenzialmente amplificare l'indolenzimento muscolare ritardato DOMS dopo allenamenti faticosi rallentando il processo di recupero e tramite Wailing. I farmaci possono rendere impossibile agli atleti vedere i risultati desiderati con effetti così negativi sui loro allenamenti sulla composizione corporea e sul recupero muscolare ".

Affrontare le tue domande

"La conversione all'alcol per far fronte a sentimenti stressanti o spiacevoli significa che le persone non sono in grado di far fronte a strategie di coping sane o ad adottare misure per far fronte a tali sentimenti", afferma il dott. MacMillan dice ", dice il dottor MacMillan." Se l'alcol viene eliminato come opzione, le persone possono riportare i loro reni alla loro salute mentale e trovare modi più efficienti per superare le loro giornate.
"(E quando inizi a bere alcolici a un giovane età, può compromettere ulteriormente la tua capacità di affrontare i sentimenti in modo sano. Solo spremere alcol per un breve periodo farà luce su come puoi usare l'alcol per affrontarli

Più fiducia

Sì, sicuramente. Per aiutarli a superare le situazioni sociali, la maggior parte delle persone fa affidamento sull'alcol per renderli infelici. Holler, se sei una delle tante persone con ansia sociale. "Se l'alcol non è più una stampella, all'inizio può essere difficile adattarsi. Tuttavia, a lungo termine, senza di esso, le persone possono acquisire competenze e credere di poter effettivamente entrare in contatto con gli altri in modo costruttivo e amichevole Rispettoso, Il dottor MacMillan dice. "Può sembrare potente e contribuire a interazioni più oneste con gli altri senza il cosiddetto" distorcere le interazioni ". Fiducia: il 71% dei partecipanti a Dry January ha riferito nello studio dell'Università del Sussex di non aver bisogno di un bere per divertirsi.

Stai in forma

L'alcol è una fonte significativa di calorie vuote. Il corpo trattiene semplicemente il grasso in eccesso dei suoi zuccheri. Non solo il succo non aggiunge vitamine o minerali, ma impedisce anche l'assorbimento dei nutrienti da altre fonti. Il tuo corpo può assorbire vitamina C, tiamina, vitamina B12, acido folico e zinco quando smetti di bere.

In particolare, il binge drinking si è rivelato un problema per le persone con problemi di peso. Se devi mantenere gli obiettivi di peso, troverai molto più facile se sei sobrio rimanere in pista. L'esercizio fisico può aiutare, ma all'aumentare del consumo, l'efficacia dell'allenamento diminuisce. L'alcol deprime in modo significativo il metabolismo e la rigenerazione muscolare, mettendo la tua resistenza e la capacità di convertire i carboidrati in energia utilizzabile in una grande ammaccatura.

Tutto ciò mostra i vantaggi significativi di smettere di bere. Senza alcol, il tuo esercizio ti darà più forma fisica. Sarai più soddisfatto dei tuoi allenamenti. Durante il giorno avrai più energia e di notte avrai un sonno più riposante. Quando cerchi di perdere peso, il processo sarà molto più semplice. Sarai una persona più felice e resiliente.

Sii libero dalla malattia

Il consumo di alcol è affascinante, ma è anche un fattore significativo che contribuisce a oltre 60 condizioni diverse. Ciò colpisce il corpo in modo relativamente violento, aumentando il rischio di una varietà di malattie, malattie cardiovascolari e disturbi cognitivi. L'International Cancer Research Agency classifica l'alcol come cancerogeno nel gruppo 1.

Poiché accelera il restringimento del cervello, l'uso a lungo termine di alcol è correlato alla crescita della demenza in età avanzata. La sua tipica interruzione del sistema nervoso centrale lo rende un fattore di rischio per la pressione alta e quindi per malattie renali, malattie cardiache e ictus. Aumenta anche la suscettibilità alle malattie infettive e al diabete di tipo II e, in grandi quantità, può causare danni ai nervi.

D'altra parte, è quasi del tutto possibile sentire gli effetti positivi dell'arresto dell'alcol. Avrai migliorato la funzionalità epatica, il colesterolo nel sangue e l'equilibrio dello zucchero nel sangue. Anche il tuo sistema immunitario ti ringrazierà; tra le altre malattie prevenibili, avrai una naturale resistenza al comune raffreddore.

Se hai ferite o hai bisogno di una riabilitazione fisica, sotto l'influenza di uno stile di vita sobrio, il tuo corpo può guarire più rapidamente. Quando cerchi di rimanere incinta, puoi lodare praticamente dall'oggi al domani per aver aumentato la tua fertilità. E chi ha bisogno di loro? Allora saresti scioccato dal modo in cui funziona il tuo corpo se non sei costretto a subire periodi prolungati di disidratazione.

La relazione tra alcol e sesso è sempre stata imbarazzante. Ci sembra di incontrarci più spesso in presenza l'uno dell'altro da una parte. Quei collegamenti, d'altra parte, non sono sempre completamente soddisfacenti.

A volte l'alcol può aumentare la tua libido, ma allo stesso tempo tende a diminuire la tua capacità di agire d'impulso. Di conseguenza, i ragazzi spesso non sono in grado di "stare insieme". Le donne perdono reattività. Potresti scoprire che non solo è più facile fare sesso da sobrio quando smetti di bere. È anche molto più divertente.

Per non parlare del fatto che le persone che bevono di più sono coinvolte in attività sessuali più rischiose, tanto che l'alcol triplica le loro possibilità di contrarre malattie sessualmente trasmissibili rispetto alle persone sobrie. È anche meno probabile che venga utilizzata la protezione. Questo perché fa molte cose sulla tua capacità di giudicare e prendere decisioni.

Se sei come la maggior parte delle persone, i vantaggi di smettere di bere potrebbero includere una diminuzione della quantità di rapporti sessuali e un miglioramento significativo della qualità della tua vita sessuale. Smettere di bere, in breve, significa più orgasmi, meno granchi e meno gravidanze indesiderate. Questa è una vittoria per tutti.

Sii più intelligente

La vita è un gioco divertente e impegnativo che richiede a una persona di pensare con le proprie gambe. A questo proposito, l'alcol non aiuterà ma smetterà. Dal momento che l'alcol tende ad avere un effetto noioso sui propri sensi e sul lavoro del cervello, ha il potenziale per chiarire la tua prospettiva per smettere di bere seriamente. Sarai in grado di pensare meglio, sbarazzandoti di qualcosa che rende l'apprendimento e la creazione di nuovi ricordi molto più difficile.

L'alcol può avere effetti cognitivi negativi per tutta la vita, anche se non sei intossicato. Bere almeno cinque bevande alcoliche a notte influenzerà l'attività del tuo cervello per un massimo di tre giorni. Questo è il motivo per cui uno stile di vita sobrio è più efficace che cercare di stipare tra gli episodi di ubriachezza i tuoi momenti "intelligenti".

Sentirsi meglio

Proprio come l'alcol danneggia la cognizione superiore, sconvolge anche l'umore e le emozioni di un individuo. Sotto l'influenza diretta dell'alcol, le sensazioni sembrano essere più "miopi" o intense, ma anche durante le sessioni di bevute, in alcune persone può esserci una distorsione dei sentimenti che porta alla depressione.

L'intorpidimento può alternarsi a attacchi di rabbia, dolore o rimorso, anche tra le persone che non si considerano alcolisti. Gli effetti del bere pesante possono essere drastici e persino aggressivi per coloro che hanno gravi problemi di gestione della rabbia. Il dramma può facilmente riversarsi nella loro vita romantica o familiare per coloro che hanno relazioni intime.

Per la massima stabilità emotiva, puoi essere sobrio. La sobrietà ti permette di sentirti costantemente nel modo giusto, non troppo o troppo poco. Ti senti ancora bene quando sobrio può essere ancora più a suo agio per chi beve per sentirsi meglio.

8.2 Benefici per la salute

Un cervello più sano

L'alcol inibisce l'interazione tra neuroni e neurotrasmettitori cerebrali, che sono i meccanismi di controllo per tutte le funzioni primarie del corpo come respirare, pensare, parlare e camminare. Il consumo di alcol può danneggiare gravemente il cervelletto, la corteccia cerebrale, il tessuto cerebrale e la rete degli arti. Tale danno può portare a molteplici problemi, tra cui cellule cerebrali ridotte, depressione, cambiamenti di umore, scarso sonno e dipendenza da alcol.

Sistema immunitario più forte

L'alcol danneggia il sistema immunitario e rende più difficile per l'organismo combattere malattie e disturbi. L'alcol riduce l'efficacia dei globuli bianchi nel distruggere i batteri nocivi. I forti bevitori sono più vulnerabili alle malattie infettive come l'epatite o la polmonite. Tuttavia, fino a 24 ore dopo l'episodio di alcolismo, anche un solo episodio di alcolismo può esporre il corpo a infezioni. Smettere di bere migliorerà la capacità del corpo di combattere immediatamente le infezioni.

Un fegato più sano

È responsabilità del fegato abbattere l'alcol che dispensa orribili tossine. Nel tempo, l'uso di alcol può far sì che il fegato venga sopraffatto da tossine e accumulo di grasso, portando alla steatosi, o "fegato grasso", che è un segno precoce di malattia del fegato.

Un fegato grasso può causare epatite, fibrosi e cirrosi. Uno studio dei Manuali Merck mostra che in determinate circostanze, il danno epatico può essere invertito, e persino il fegato grasso mostra una risoluzione completa entro sei settimane. Non è possibile modificare alcun risultato, come fibrosi e cirrosi. Il trattamento farmacologico può migliorare la salute generale del fegato e aumentare la rimozione delle tossine dalla pelle.

Cuore più forte

Regolarmente o anche in un'occasione, bere abbondanti quantità di alcol può danneggiare il cuore e indebolire i muscoli. Questo danno può provocare malattie cardiache, ictus, diabete, aritmie toraciche. Attraverso. L'uso intenso di alcol e la prevenzione dei danni cardiaci correlati all'alcol, inclusi gli attacchi di cuore, possono migliorare la salute dei loro sistemi cardiovascolari.

Diminuzione del rischio di cancro

Il farmaco danneggia gli anticorpi che prevengono le cellule tumorali e espone una persona a un rischio di cancro molto più elevato di quanto farebbe normalmente.

Secondo l'American Public Health Journal, l'alcol causa il 3,5% di decessi per cancro in America, o circa 20.000 decessi correlati al cancro ogni anno. Diciamo anche: "È importante ridurre il consumo di alcol e una strategia sottovalutata per la prevenzione del cancro". Bere alcol è associato a molti tumori, tra cui il cancro della testa e del collo, il cancro dell'esofago, il cancro al seno, al fegato e il cancro del colon-retto. Smettere di bere ora può ridurre significativamente il rischio di sviluppare tali malattie per un individuo.

Digestione migliorata

Il pancreas può essere compromesso dall'assunzione regolare di alcol, essenziale per una corretta digestione. L'alcol impedisce l'assorbimento di vitamine e sostanze nutritive nell'intestino tenue e può causare vomito cronico, nausea e anoressia nelle persone che bevono molto. Il consumo di alcol favorisce il trasferimento delle tossine attraverso le pareti intestinali. Una volta che l'alcol è stato evitato, tutti questi effetti gastrointestinali avversi possono essere ridotti.

Memoria migliorata

Il centrista per il consumo pesante di alcol è associato alla riduzione cerebrale del restringimento cerebrale, specialmente nelle aree cognitive e legate all'apprendimento. I disturbi della memoria si vedono solo con pochi drink e la quantità di alcol consumata aumenta, questa memoria svanisce. Secondo il National Alcohol Abuse and Alcoholism Institute, l'astensione dall'alcol per diversi mesi o più può consentire la correzione parziale dei cambiamenti strutturali del cervello dovuti al bere, inclusa l'inversione degli impatti negativi sulle capacità di pensiero, risoluzione dei problemi, memoria e attenzione.

La tua salute è nelle tue mani

Questi sette non si limitano ai benefici derivanti dalla cessazione del consumo di alcol, in particolare il binge drinking. Sebbene alcuni danni possano essere irreversibili, il corpo di ognuno è diverso e può essere riparato in una certa misura. L'obiettivo principale dell'astensione dall'alcol è prevenire ulteriori danni.

Se stai cercando di smettere di alcol

- Maggiore concentrazione e risoluzione dei problemi

- Maggiore concentrazione mentale e miglioramento della funzione di memoria

- Migliore digestione ed eliminazione delle tossine nocive

- Maggiore assorbimento di vitamine e minerali

- Perdita di peso a causa di calorie inferiori

Benefici di smettere di alcol

Coloro che soffrono dell'emicrania mattutina con gli occhi annebbiati e frontali perché conoscono l'estrema tossicità dell'alcol.

I matrimoni sono, ovviamente, incompleti senza brindisi con champagne e, con l'aggiunta di alcuni cocktail, le feste in ufficio diventano solo un po' 'più interessanti.

Oppure i rischi per la salute superano i benefici per la tua vita sociale? Quanto è difficile sopravvivere senza un paio di drink?

Coloro che hanno sofferto dell'emicrania con gli occhi annebbiati e capricciosi del mattino nonostante abbiano riconosciuto l'estrema tossicità dell'alcol. Ma alcuni sintomi vanno oltre i postumi di una sbornia.

L'uso e l'abuso di alcol aumenta il rischio di cancro, pancreatite, problemi digestivi, problemi cardiovascolari, ictus, depressione, ansia e demenza in molte forme. Inoltre, il consumo costante di alcol esaurisce i neurotrasmettitori e modifica la funzione del cervello.

Ci sono diversi miglioramenti immediati della salute dopo la cessazione dell'alcol. Questo è tratto da un recente rapporto di uno scienziato. Il grasso del fegato è diminuito del 15% dopo solo un mese di non consumo. I livelli di glucosio nel sangue sono diminuiti del 16% e il colesterolo è diminuito del 5%. Inoltre, la qualità del sonno e la capacità di concentrazione dei partecipanti sono migliorate in modo significativo.

Salva il tuo cervello

Il tuo fegato non è l'unico organo che è a rischio per il consumo eccessivo di alcol. "Il consumo eccessivo di alcol può avere effetti gravi e di vasta portata sul cervello, che vanno da minori cali della memoria a disturbi persistenti e in peggioramento che richiedono cure per tutta la vita", secondo l'Istituto nazionale per l'abuso di alcol e l'alcolismo (NIAAA). Solo il bere moderato può causare vuoti di memoria e, all'estremo opposto, il binge drinking può portare a una grave perdita di memoria. Tuttavia, anche gli alcolisti che hanno già sperimentato un deterioramento cognitivo entro un anno dall'astinenza possono recuperare almeno alcune funzioni cerebrali.

Smettere di bere può anche aiutare la crescita di nuove cellule cerebrali, poiché grandi quantità di alcol possono rallentare o impedire la crescita di nuove cellule cerebrali. È questa mancanza di crescita che porta a deficit a lungo termine in aree cerebrali cruciali.

Inoltre, l'abuso di alcol può portare a carenza di tiamina, che porta a gravi disturbi cerebrali come la sindrome di Wernicke- Korsakoff (WKS).

L'astinenza salverà il tuo girovita

Buone notizie se vuoi perdere qualche chilo: evitare di bere incoraggia la perdita di peso in particolare per le donne. La maggior parte delle forme di alcol, quando elaborate dall'organismo, vengono caricate con zucchero o diventano zuccheri.

L'infermiera Travis Patrick dice: "Bere raffiche di estrogeni per le donne, che incoraggia l'accumulo di grasso nella pancia. L'astinenza dall'alcol ha una miriade di benefici per la salute che si avvertono immediatamente ". La ricerca mostra che l'alcol crea ulteriori effetti fisici sulle donne. Più velocemente degli uomini intossicati, le donne alcoliche sviluppano cirrosi epatica, danni al muscolo cardiaco o cardiomiopatia e danni ai nervi.

Migliora il tuo umore

Potresti aver imparato che l'alcol è un depressivo. Potresti anche aver avuto un crollo il giorno successivo. Ma oltre a ciò, l'alcol può interferire con la funzione cerebrale e l'attività delle cellule cerebrali e del neurotrasmettitore, portando a danni cerebrali, ansia e persino pensieri suicidi.

Secondo Alcohol Research & Health, una malattia del fegato derivante dal consumo di alcol può danneggiare il cervello, contribuendo a un disturbo neurologico grave e potenzialmente fatale noto come emesi. Questa malattia innesca disturbi del ciclo del sonno, cambiamenti di personalità, sbalzi d'umore, depressione e ridotta capacità di attenzione.

Conclusione:

La notizia fantastica è che ci sono molti benefici per la salute nello smettere di bere per una settimana, un mese o anche un anno. La cattiva notizia è che può essere difficile astenersi dall'alcol, soprattutto nelle situazioni sociali.

Gli individui a volte nascondono o negano di avere problemi con il bere. Che tu sia nei guai o qualcuno che conosci, come puoi dirlo? Segni di un possibile problema includono il fatto che amici o parenti esprimano preoccupazione, ecco alcuni suggerimenti per aiutarti a ottenere l'astinenza dall'alcol, pensare che dovresti tagliare ma non essere in grado di farlo e volere un drink mattutino per calmare i tuoi nervi o alleviare un postumi della sbornia.

Molte persone con problemi di alcolismo stanno lavorando duramente per risolverli e queste persone sono spesso in grado di riprendersi da sole con l'aiuto di familiari o amici. Quelli con dipendenza da alcol, tuttavia, di solito non smetteranno di bere da soli per forza di volontà. Molti hanno bisogno di aiuto dall'esterno. Per evitare sintomi di astinenza pericolosi per la vita come convulsioni, potrebbero aver bisogno di una disintossicazione sotto controllo medico. Quando le persone sono stabili, potrebbero aver bisogno di aiuto per risolvere i problemi psicologici associati ai problemi di alcol.

Esistono diversi modi per affrontare i problemi di alcol. Per tutte le persone, nessun approccio è il migliore. L'alcol non è uno standard di prodotto. Sebbene porti connotazioni di divertimento e socialità nella mente di molti, il suo utilizzo ha numerose e diffuse conseguenze dannose.

Se sei immerso fino alle ginocchia in un diluvio di alcol, può essere difficile immaginare la vita senza di esso. Tuttavia, è un miraggio. Ci sono molti vantaggi nel smettere di bere; abbiamo appena graffiato la superficie qui. Anche se non c'è niente di sbagliato nel concedersi una volta ogni tanto, lasciati alle spalle l'alcol e scoprirai presto che senza bere la vita non solo è possibile, è molto, molto meglio.

Tuttavia, c'è molto aiuto disponibile. Ci sono strutture per la disintossicazione e molto altro ancora. Lo considererai se chiedi aiuto. Se il primo soccorso non funziona, continua a provare, sono disponibili anche farmaci che aiutano a prevenire l'alcol innescando reazioni fisiche dolorose. Se hai bisogno di smettere di bere per riprendere il controllo della tua vita, questo libro ti aiuterà a rimetterti in carreggiata, trattando molti suggerimenti per smettere di bere.

Riferimenti:

1- Come disintossicare in modo sicuro dall'alcol a casa. (2019). Estratto da https://www.therecoveryvillage.com/alcohol-abuse/withdrawal-detox/safely-detox-alcohol-home/

2- Strategie di auto-aiuto per smettere di bere - Ripensare al bere - NIAAA. (2019). Estratto da https://www.rethinkingdrinking.niaaa.nih.gov/Thinking-about-a-change / Support-for-quitting / Self-Help-Strategies-For-Quitting.aspx

3- Blog di Dave Asprey. (2019). Dipendenza da alcol: come smettere di bere per sempre. [Online] Disponibile su: https://blog.daveasprey.com/how-to-quit-drinking/.

4- Dipartimento della sanità del governo australiano. (2019). Come puoi ridurre o smettere di bere alcolici? [Online] Disponibile su: https://www.health.gov.au/health-topics/alcohol/about-alcohol/how-can-you-reduce-or-quit-alcohol.

5- Alcolismo - Statistiche, ereditarietà e sintomi | Salute quotidiana. (2019). Estratto da https://www.everydayhealth.com/alcoholism/guide/

6- Benefici della sobrietà | Perché smettere di bere? | Il tuo primo passo. (2019). Estratto da https://yourfirststep.org/benefits-of-sobriety/

7- Notizie mediche oggi. (2019). Rinunciare all'alcol per solo 1 mese ha benefici duraturi. [Online] Disponibile su: https://www.medicalnewstoday.com/articles/324079.php.

8- In modo sano. (2019). Estratto da https://healthfully.com/the-benefits-of-quitting-alcohol-and-how-to-do-it-10851766.html

9- Apri Impara. (2019). Alcol e salute umana. [Online] Disponibile su: https://www.open.edu/openlearn/science-maths-technology/science/biology/alcohol-and-human-health/content-section-1.5.

www.ingramcontent.com/pod-product-compliance
Lightning Source LLC
Chambersburg PA
CBHW061316120726

48001CB00002B/545